KB107633

고독을 건너는 방법

고독을 건너는 방법

2021년 6월 12일 1판 1쇄 발행

지은이	이인
펴낸이	박래선
펴낸곳	에이도스출판사
출판신고	제406-251002011000004호
주소	경기도 파주시 회동길 363-8, 308호
전화	031-955-9355
팩스	031-955-9356
이메일	eidospub.co@gmail.com
페이스북	facebook.com/eidospublishing
인스타그램	instagram.com/eidos_book
블로그	https://eidospub.blog.me/
표지 디자인	공중정원
본문 디자인	김경주

ISBN   979-11-85415-43-7   03190

잘못 만들어진 책은 구입하신 서점에서 바꾸어 드립니다.

고독을 건너는 방법

이인 지음

에이도스

고독이라는 전염병

유행병이 유령처럼 떠돌고 있다. 보이지 않지만 어디에서든 출몰하는 코로나19에 세상이 불안으로 출렁인다. 인간이 문명의 부작용을 어찌하지 못하자 지구는 스스로 치유하려 한다. 전 세계를 강타한 자연재해와 신종전염병은 변화를 강제한다. 코로나19는 이전처럼 살 수 없다는 무서운 경고인데, 아직 우리는 코로나19를 어떻게 이해해야 할지 모른 채 고통 받고 있다.

불과 얼마 전까지만 해도 가벼운 마음으로 공원을 거닐었고, 찻집에서 도란도란 이야기 나눴으며, 수많은 사람들이 모여 문화예술을 흥미진진하게 감상했다. 거리마다 사람들로 와글와글했고, 밤까지 시끌벅적했다. 이 모든 것이 과거의 추억으로 빛바래간다.

외부생활을 줄이고 홀로 있는 시간이 많아졌다. 주말 약속도 없

기 일쑤다. 만남의 횟수가 줄어들고, 사람 사이의 왕래도 띄엄띄엄

해진다. 누군가에게 만나자고 하기도 어렵고, 가끔 안부연락만 주고

받는다. 혼자서 시간을 보내다가 홀로 밤을 맞는 하루하루가 자연

스러워진다. 고독은 예외상태가 아니라 정상상태처럼 되어간다.

홀로 있는 시간이 길어지면 여러 문제가 생긴다. 그저 혼자 있다

는 사실만으로도 괴로운데 고독으로부터 고통이 파생된다. 우선, 건

강에 적신호가 켜진다. 혼자 있는 사람은 건강하기 어렵다. 활동량

은 적어졌는데 우울함을 달래고자 먹는 양은 늘어나면서 살이 찐

다. 정부의 방역태세와 의료진의 노력으로 확진자가 적어지더라도

'확찐자'의 증가추세는 좀처럼 진정되질 않는다.

몸뿐 아니라 마음도 탈이 난다. 원치 않은 고독이 우리 삶에 강

제로 덧입혀지면서 마음이 일렁인다. 예전 같으면 웃으면서 넘어갈

일에도 과민 반응한다. 극단적 선택을 생각하는 사람들도 늘어난다.

전염병 방역뿐 아니라 심리불안의 방역이 시급한 상황이다.

치료제가 얼른 개발되어 예전의 일상을 회복하면 좋겠지만, 코

로나19 이전으로 돌아가기는 어려워 보인다. 코로나19 이후를 준

비하며 세상을 변화시키는 과정에서 우리는 고독이라는 대가를 치

르고 있다. 비대면이 생활방식으로 잡아갈수록 고독과 대면한다. 일

상 한복판에 고독은 독사처럼 똬리를 튼다.

코로나 시대를 맞아 고독은 한층 심각해지고 있다. 어쩌면 고독은 코로나19보다 무시무시한 전염병인지 모른다. 코로나19는 신중하게 처신하면 예방할 수 있고 감염되더라도 치료할 수 있지만, 고독에 걸리지 않은 사람은 아무도 없을뿐더러 완치가 어렵다.

코로나19에 대한 방역태세 못지않게 고독에 대한 대책이 절실한 상황이다. 하지만 한국사회는 고독에 대한 대응이 턱없이 부족하다. 사람들이 고독에 고통받고 있다는 사실조차도 공론화되지 않고 있다.

물론 고독이 순전히 나쁘지만은 않다. 고독은 예상치 못한 선물을 준다. 변화라는 선물 말이다. 이 책은 고독의 고통과 아울러 고독이 빚어내는 변화를 탐구한다. 고독은 짐이자 힘이다.

∞

학창시절엔 여기저기를 기웃거리며 돌아다니기 바빴다. 그러다 군대에 간 시간은 인생의 전환점이었다. 군복무를 마치고 민간인이 되어 1년 동안 열심히 활동했다. 여러 모임에 참가했고, 수많은 사람을 찾아가 대담을 나누었으며, 글을 써서 올렸다. 이렇게 외부활동을 하다가 뜻한 바가 있어 자가격리에 들어갔다.

처음으로 집에서 보내던 주말을 잊지 못한다. 쓸쓸하면서도 홀가분했다. 몇 개씩 주말약속을 잡는 게 습관이었는데, 어쩌면 처음으로 집에서 뉘엿뉘엿 저물어가는 석양을 바라봤다. 과거와 이별한다는 느낌과 새로운 미래에 대한 기대로 눈시울이 노을처럼 붉어졌다.

그날을 기점으로 며칠씩 밖을 안 나갔다. 몇 주씩 두문불출하기도 했다. 장을 보거나 도서관에 갈 때 말고는 외출하지 않았다. 가끔 강의가 있었고 사람을 만나기도 했지만, 대부분 시간은 집에서 보냈다. 주말도 없었고 휴가도 없었고 명절도 없었고 여행도 없었다. 외로움이 뜨겁게 불거질 때면 어딘가로 홀쩍 떠나 바람 쐬고 싶은 욕구가 일어났지만 꾹 참으면서 버텼다. 외로움이 차갑게 들이닥칠 때면 움츠러든 채 멍하니 시간을 죽이기도 했다.

하루는 일이 있어 밖에 나갔다. 홀로 거리를 걸었다. 개나리와 진달래와 벚꽃과 목련이 한가득 피어나 세상을 화사하게 수놓고 있었다. 따사로운 봄기운을 물씬 뿜어내고 있었다. 참 좋았다. 그리고…
다시 방구석으로 들어갔다. 그렇게 세월은 무심하게 흘러갔다.

어느 날 전화기가 반짝거렸다. 긴급재난문자였다. 최근 연락 목록에는 긴급재난문자만이 이어지고 있었다. 그야말로 긴급재난 같은 상황이었다.

재난 같은 고독을 견뎌왔기 때문일까? 요즘은 외로움과 잘 지내는 편이다. 때로 외로움에 마음이 스산해도 대부분 나날은 담담하게 보낸다. 물론 앞으로 어떻게 될지 모른다. 고독은 독하다. 내성이 생겼다고 해서 앞날을 장담할 수는 없다.

∞

사람은 사람과 함께 어울려야 한다는 단순한 진실을 고독은 고통스럽게 알려준다. 따라서 고독을 예찬할 수 없다. 다만 사람을 만나기 어렵고 고독이 불가피한 상황이므로 고독을 잘 알아야 한다는 생각이다. 피할 수 없다면 즐기자는 입장까지는 아니더라도 궁리하자는 입장이다.

고독은 인류문명이 빚어낸 사회 환경처럼 되었다. 고독에 따른 혼란이 전 세계에서 일어나고 있으며, 고독에 고통 받는 사람은 더 늘어날 것이다. 고독 속에 방치되면 고통과 혼란이 심해지므로 고독을 이해하는 지혜가 필요하다.

고독을 견디면서 공부했다. 그러다 코로나19가 터졌다. 사회적 거리두기를 한 채 2020년을 보냈다. 집에서 홀로 지내는 경력이 남달랐지만, 코로나 시대를 맞아 무척이나 외롭고 괴로웠다. 사회에서 활발하게 살아가던 사람들의 고통은 헤아리기조차 어렵다.

힘겨운 나날을 보내고 있는 그대와 나누고 싶은 이야기를 엮기 시작했다. 글이 눈물처럼 쏟아졌고, 천천히 갈무리해서 책으로 묶었다. 부디, 이 책이 그대에게 위로와 용기가 되길! 우리의 고독을 통해서 생생한 변화가 일어나길!

01

나 혼자
먹고
사랑하고
이야기하고…
울고

낯선 천국

세상을 둘러보면 흥겨운 잔치가 열린 것만 같다. 공중파는 온통 예능으로 왁자지껄하고, 연예인의 연애이야기가 사방으로 송출된다. 가상공간에서도 사람들은 행복한 표정으로 세계 명소와 맛있는 음식을 사진 찍어 올린다. 어쩌면 인류가 그토록 염원하던 천국이 도래했는지 모른다는 생각이 들 정도이다.

한편 세상은 고독의 황사로 뒤덮인 것처럼 보이기도 한다. 수많은 사람들이 방에 틀어박혀 있고, 가상공간 속에서 악다구니를 벌이며, 홀로 욕조에 누워 손목을 긋는다. 거리에서 마주치는 사람들은 그늘이 드리워진 딱딱한 얼굴이고, 서로에게 아무런 관심을 보이지 않은 채 바삐 걸음을 옮긴다. 어쩌면 지독한 지옥이 실현되었는지 모른다.

천국과 지옥 사이에 세상이 있을 텐데, 그동안 세상은 조금씩이나마 더 평화로워졌고 더 번영했다. 여전히 국지전이 벌어지고, 군사반란이 일어나며, 폭탄이 터지더라도 인류사를 통틀어 요즘처럼 쾌적한 시기가 없다. 현재 지구에서는 총칼로 죽는 사람보다 교통사고로 죽는 사람이 훨씬 많다. 비만과는 비교하기도 어려운 형편이다. 전쟁보다 비만과 관련해서 목숨을 잃거나 건강을 잃는 사람이 엄청나게 많다.

한국이야말로 세계사의 변화를 압축해서 보여주는 나라이다. 식민착취에 이은 동족상잔의 폐허에서 오늘날 한국처럼 번창한 사회를 건설하리라 예상한 사람은 전 세계에 어느 누구도 없었다. 하지만 한국인들은 지옥에서도 절망하지 않고 천국을 향해 숨 가쁘게 달음박질쳤고, 끝내 쓰레기통에서 장미를 피우는 기적을 일궜다. 가슴이 짠해지는 한국의 현대사이다.

그런데 이상하다. 산업화도 달성했고, 민주화도 이룩했으며, 정보기술화도 선도하는 경제강국이 되었는데, 한국 사람들은 외로움에 질려 있다. 어쩌면 우리는 부유한 천국을 만드는 동시에 고독한 지옥을 건축한 건 아닐까?

한국뿐 아니다. 산업화된 사회는 죄다 화려한 고독으로 범벅된 천국 같다. 인류사를 통틀어 요즘처럼 사람이 많고 물품이 넘쳐나며 먹을 게 풍요로운 때가 없지만, 우리들의 삶이 살맛난다고 선뜻 말하기 어렵다. 우리 모두 외로우니까.

업무로 아는 사람은 많아도 마음을 나눌 수 있는 인간관계가 부족하다. 풍족함 속 빈궁이고, 번지르르한 인맥관리의 남루함이다.

우리는 외로움에 지쳐가고 있다. 여태껏 잘 사는 것처럼 위장해왔더라도 우리는 알고 있다. 뭔가 잘못되었다는 걸.

경쟁을 통해 세상이 발전한다는 이명이 귓가를 맴돌았고, 이명에 따라 열심히 경쟁했다. 하지만 알고 보니 경쟁의 실체는 고독의 경쟁이었다. 경쟁의 승패와 상관없이 모두가 고독해졌다.

다들 자기 곁에 사람이 없다고 느낀다. 외로움의 보편화는 시대의 변화를 알려준다. 같이 손을 잡고 어깨를 걷고 거리로 나가 함성을 내지르며 대동단결하던 시대가 끝났다. 사회문제가 터지면 촛불을 들고 세상의 어둠을 밝히지만, 촛불이 개인의 고독을 몰아내지는 못한다. 외로움은 집단행동을 통해서 해결될 수 없다. 사람들이 모여 일체감을 느끼더라도 밤이 되면 각자의 집으로 돌아가야 한다. 홀로 견뎌야 하는 고독은 그대로이다. 우리는 외로움에 녹초가 되어간다.

고독은 현대인의 기본 채무다. 누가 대신 갚아주지 않는다. 연예인도, 사회운동가도, 취업준비생도, 독거노인도, 전업주부도, 전문경영인도, 노숙인도 고독과 홀로 대적하고 있다. 세상이 부유해질수록 고독이란 부채가 늘어나는 것만 같다. 어쩌면 지금, 여기 우리 삶을 가장 위협하는 대상은 핵전쟁이나 배고픔이 아니라 고독일지도 모른다.

코로나19도 통과하지 못하는 최첨단 마스크를 착용하더라도 고독을 차단할 수는 없다. 마스크를 빠져나와 흘러넘치는 외로움으로 세상이 울렁인다. 우리는 사람들이 마스크를 잘 쓰고 있는지 서로

감시할 뿐 마스크 뒤에 가려진 고독의 민낯을 알려고 하지 않는다. 다들 자유라는 세련된 옷을 입고 세상을 활보하고 있다. 그러나 자유라는 옷으로 고독한 몸을 감추더라도 고독이 사라지는 것은 아니다.

자유롭다는 착각

현대사회에 들어서 자유는 만개했다. 그동안 인류를 옥죄던 여러 굴레가 사라졌고, 사람들은 저마다 원하는 방식대로 살 수 있다. 그런데 이상하게도 다들 외로움을 호소한다. 우리가 진정으로 자유롭다면 외로움으로부터도 자유로워져야 할 텐데, 어깨 위에 짊어진 외로움이 물 먹은 솜처럼 점점 무거워진다.

세상이 자유로워질수록 고독이 심해진다. 자유는 고독과 한통속이 아닐까 하는 의구심이 뒷골을 스치고 지나간다. 고독과 자유가 뒤엉켜 있다면 자유를 소중히 여기면서도 자유가 드리우는 그늘을 살펴야 할 텐데, 현대사회는 자유의 햇살에 눈부셔할 뿐이다.

사람은 누구나 자유와 번영을 원하지만 또 그 못지않게 집단 안에서 안정과 소통을 바란다. 아니, 자유와 번영은 이미 건강한 사회를 전제하고 있는 개념이다. 사회가 건강한 인간관계망으로 구성되어 있지 않다면 자유와 번영은 공허한 미사여구에 지나지 않는다. 공동체 의식이 부재한 사회에서 자유롭다는 건 고독하게 방치되었다는 뜻일 뿐이다. 서로를 돌보지 않은 채 자기만을 챙기는 자유는 인간성의 상실을 초래한다. 혼자 자유로워지고 자기만 성공하겠다는 발상은 외로이 방황하고 있다는 고백이다.

인간의 자유란 기존의 인간관계를 파괴해야 얻는 결과가 아니라 타인과 함께 형성해야 하는 과제이다. 개인의 자유가 이기적으로 극단화되는 오늘의 경향은 자유의 확장이라기보다는 오히려 자유의 토대를 무너뜨리는 모습이다. 인간관계의 둑이 터져버리자 외로움이라는 독이 봇물처럼 쏟아지는 상황이다.

어둠이 깔리는 9시에서 10시쯤이 되면, 너무나 외로워진다. 가끔은 외롭다고 호소하고 싶더라도 차마 입이 떨어지지 않는다. 외로움에 일상이 구겨지고 있는데도 얼굴의 구김살을 펴는 데만 열중한다. 외로움을 내색하면 못난이처럼 보일까 두렵다. 경쟁이 치열한 사회에서 외롭다는 말은 자신이 나약하다는 징징거림처럼 들린다.

외로움을 얼마나 잘 참는지 경쟁하는 것만 같은 이상한 세상이다. 삼키지 못한 외로움이 목구멍을 타고 나오면 마치 인생의 패배자가 구토한 것처럼 사람들은 고개를 돌려버린다.

경쟁사회 속에서 고독은 패배와 연결되어 작동한다. 성공한다고 외롭지 않은 건 아닌데, 고독한 사람은 실패한 사람으로 간주된다. 그 누구도 패배자가 되고 싶지 않다. 어쩔 수 없이 외롭지 않은 척 연기해야 한다. 고독은 만연하지만 은폐된다. 고독은 평생 앓아야 하는 지병이 된다.

고독이라는 만성질환은 수치스럽게 취급된다. 무좀이나 요실금을 앓고 있다고 드러내는 사람이 없듯 외로움을 앓고 있다고 고백하는 사람은 없다. 각자 자신의 고독을 조용히 처리할 따름이다.

외롭다고 고백하면 좀 이상한 사람이라고 인증하는 셈이다. 남우세스러운 줄 모르고 외로움을 토로하니 말이다. 하지만 그러한 고백이 어쩌면 희망일 수 있지 않을까?

외롭다는 고백이 더 짙은 외로움을 불러올 수도 있겠지만, 어쩌면 외로움에서 벗어날 수 있는 기회를 창출할 수 있지 않을까?

∞

외로움의 고백에는 메아리에 대한 기대가 숨어 있기 마련이다. 어디서 자신도 외롭다는 울림이 메아리처럼 되돌아오면 서로를 위로하면서 가까워지고 싶다는 희망이 외로움의 고백에 담겨 있다. 외로움의 고백은 그저 자신이 외롭다는 청승이 아니다. 외로움에서 구해달라는 요청이자 고독한 그대의 구원자가 되어주겠다는 용기의 표현이다. 외로움의 고백이 떨림 속에서 이뤄질 수밖에 없는 이유이다. 외로움을 고백하고 나면 삶을 대하는 태도가 바뀌고, 인간관계가 달라진다. 외로움의 고백은 타인의 마음을 건드리고 문지르면서 변화를 일으킨다.

외로움을 고백했다고 해서 반드시 누군가 응답하지는 않을 것이다. 누구나 외로움을 드러내는 일은 어렵다. 다만 외로움을 더 이상 숨기고 싶지 않은 순간이 찾아오기 마련이다. 외로움과 홀로 싸우다가 쓰러지는 데 지친 날이면, 외로움을 함께 이겨내는 방법을 모색하고 싶어진다.

외로움이라는 만성질환을 이겨내는 방법은 여러 가지다. 코로나 19로 휴업하지 않았을 땐 노래방에 혼자 가서 고래고래 노래를 부른다. 주말이면 으레 출근도장을 찍듯 유흥가에 간다. 백화점이나 쇼핑몰을 돌아다닌다. 종교집회에 참석하고, 책모임에 가입한다. 몹시 달콤한 주전부리를 입에 달고 살고, 아주 매운 음식을 먹으면서 땀을 내기도 한다. 멀리 교외로 나갈 형편이 안 되면 높은 건물 옥상에 올라가 바람을 쐬기도 하고, 밤이면 집에서 술을 마시거나 만날 사람을 찾아 돌아다니기도 한다.

이러한 행위에는 분명 즐거움이 있다. 수많은 행위를 통해 삶을 채운다. 먹고, 마시고, 움직이고, 타인을 만나고, 어울려 놀면서 인생을 향유한다. 외로움으로 질식할 것 같은 하루하루에 숨통이 트이고, 외로움의 압박은 잠깐씩이라도 누그러진다.

외로움을 달래는 소소한 방법을 소중하게 이용하면 외로움은 어느 정도 진정된다. 물론 외로움이 송두리째 뿌리 뽑히지는 않는다. 외로움을 달래도 외롭다는 사실이 변함없으면 외로움이 뭔지 더 파고들고 싶어진다.

배고픈 걸까? 외로운 걸까?

술과 담배, 야식과 야동, 춤과 노래, 싸움과 질투, 섹스와 쇼핑, 게임과 도박, 정치와 종교, 이 모든 게 외로움을 품고 있는지 모른다. 우리가 덜 외롭다면 인생이 달라지지 않을까? 세상 사람들이 덜 외롭다면 세상은 달라지지 않을까? 밀가루 똥배도 없어지지 않을까?

외로운 세월 속에 빚어진 똥배가 단단하다. 날마다 꼬집고 손으로 거칠게 문질러 봐도 아랫배는 없어지질 않는다. 즉석가공식품과 배달음식 때문이다. 어릴 때부터 라면을 비롯한 즉석가공식품을 즐겨먹었고 배달음식을 자주 시켜먹었다. 즉석가공식품보다는 배달음식이 호사로운 일이긴 했다. 중국음식이나 통닭, 피자가 배달되길 기다릴 때마다 가슴이 콩닥거렸다. 만나기로 한 장소에서 애인을 기다리던 심정과 비슷했다.

앉아서 손가락만 까딱해도 온갖 음식을 다 배달해준다. 심지어 24시간 배달이 가능하다. 놀라운 시대이다. 과거에 흉작이든 재해든 약탈이든 착취든 여러 이유로 굶주리던 시절과 비교하면 음식을 언제든지 구할 수 있는 현대란 그야말로 낙원이 아닌가 싶다. 똥배라는 대가를 치르기만 한다면 우리에게 환희를 선사하는 현대사회이다.

야식배달업계의 호황은 우리 사회의 구성원들이 야근을 많이 하고 음식을 요리해서 여유롭게 나눠먹는 일이 드물어지고 있다는 방증일지도 모른다. 외로울수록 야식에 끌리는 법이다.

늦은 밤이면 뭔가 따끈따끈한 걸 사들고 귀가하거나 피자나 통닭이나 족발보쌈을 시켜서는 맥주와 함께 먹는다. 별로 배고프지는 않아도 갓 요리된 걸 먹으면 기분이 한결 좋다.

배달음식을 시켜먹는 일이 빈 위장을 채워 넣는 일이라면 그리 문제될 게 없다. 저녁식사를 제때 못했으니 야식을 먹으면서 배고픔을 해소하면 될 일이다. 하지만 별로 배고쯔지 않는데도 야식의 유혹에 속절없이 넘어간다. 당장 야식을 흡입하느라 정신이 없더라도 다 먹고 나면 속이 더부룩해지면서 불쾌감이 들이닥친다. 불쾌감을 다시 겪을 게 뻔한데도 야식이 먹고 싶어지면 이런 의문이 떠오른다. 배고픈 걸까? 외로운 걸까?

어쩌면 외로움으로 구멍 난 가슴을 음식으로 채워 넣기 위해 야식을 섭취하는지 모른다. 야식배달이란 어떤 음식이 아니라 타인의 애정을 날라다주는 것이다. 누군가 나를 위해 요리하고 집까지 배달해주니 밤에 들이닥치는 외로움이 줄어든다. 외로운 밤이면 야식배달이 생각나지 않을 수 없는 이유다.

밤의 허기는 몸이 아니라 마음에서 일어난다. 대다수 현대인은 배가 고프지 않다. 먹을 게 너무 많아 살 빼는 일이 모두의 화두가 된 세상이다. 살 빼도록 도와주는 일이 신종산업으로 부상했을 정도다. 그런데도 밤에 무언가를 마구 먹으면서 그동안 살 빼려고 들인 노력을 도루묵으로 만든다. 야식을 먹으면 외로움이 좀 진정되는 것 같은데, 그 효과는 얼마가지 못한다. 금세 후회가 밀려온다. 다음날 부은 얼굴을 안타까이 바라보다가 하루 이틀 정도는 열심히 운동한다. 삼 일 뒤면 운동을 건너뛰고 야식을 다시 흡입한다. 정신을 차렸을 땐 이미 많은 음식이 뱃속으로 들어가 있다.

우리는 야식 흡입자이자 고독의 비만자다. 살을 빼려고 식이요법과 온갖 운동을 하는데도 좀처럼 만족스러운 결과를 얻지 못하듯 우리는 고독을 다이어트하려고 아등바등하는데 결과는 신통치가 않다. 외로움 속에서 '확쩐자'들이 엄청나게 많아진다.

마음의 운동이 절실하다. 옆구리 살을 빼는 것도 고독이라는 군살을 빼야만 가능할 것이다. 조금씩 올라가는 몸무게는 어쩌면 외로움의 무게일지도 모른다. 홀로 짊어져야 할 고독이 버거워지는 만큼 몸무게도 늘어나는 것 같다.

혼자 조용하게

늘 살이 찔까 걱정스럽고, 몸무게를 줄이려고 애를 쓰더라도, 안 먹을 수는 없는 노릇이다. 일정이 있어서 밖에 나갔다가 식당에 들어갔다.

사람들은 같은 공간에서 밥을 먹고 있지만 같이 먹는 건 아니다. 쭈뼛거리면서 마스크를 내리고 서둘러 음식을 먹는다. 식당은 혼자 먹는 사람이 많아서 그런지 조용하다. 혼자 먹을 땐 흥겨움이 가라앉는다. 맛깔난 음식으로 배를 채우지만 이상하게 허하다.

사람들 틈바구니에서 혼자 먹을 때의 쓸쓸함을 소설가 김훈도 느꼈다. 김밥을 먹고 있는 김훈 바로 앞에는 한 남자가 라면을 먹고 있었다. 하지만 둘 사이엔 어색한 적막만이 흘렀다. 김훈은 자신이 쓸쓸하게 김밥을 먹으면서 앞에 있던 사내를 쓸쓸하게 했을 걸 생각하면 더욱 쓸쓸해진다고 쓰면서 독자들을 쓸쓸하게 만든다. 혼자 밥 먹는 일이 얼마나 쓸쓸한지 알려줄 의도였다면 김훈의 문장은 대성공이다. 너무나 쓸쓸한 나머지 독자가 끼어들어서는 김밥과 라면을 떠들썩하게 나눠먹고 싶어질 정도이니 말이다.

코로나19로 '혼자 조용하게' 밥먹는 게 어색하지 않아 보이지만 사실 그전에도 이런 일은 드물지 않았다. 타인과 같이 먹더라도 대화하면서 정겹게 식사하지 않는다. 다들 음식을 입 속에 넣고는 부리나케 일어난다. 같은 공간에서 먹더라도 함께 먹는다고 볼 수 없다. 우리는 식사를 하지 않고 연명하고 있다.

그동안 스스로 결정해서 혼자 먹는다고 생각했다. 그러던 어느 날 식당에서 혼자 먹다가 건너편에서 혼자 먹는 사람과 눈이 마주치자 문득 이런 생각이 들었다. 왜 우리는 홀로 밥을 먹고 있을까? 같이 먹자고 해볼까? 서로 당황스러워하며 무안한 미래가 머릿속에서 무한히 그려졌다.

왜 혼자 밥을 먹게 되었느냐는 질문을 현미밥을 씹듯 오래 곱씹었다. 그러다 결론에 이르렀다. 인간관계에서 추방되어 혼자 먹게 되었다고.

혼자 먹는 일이 자유로운 선택이었다면 다른 사람과 함께 먹겠다는 선택 역시 자유롭게 할 수 있어야 했다. 그러나 누군가와 먹고 싶다고 해서 함께 먹을 수 있지 않았다. 혼자 먹는 건 자유라는 이름으로 강제되고 있었는데, 홀로 밥 먹는 게 간편하다고 스스로 정당화했다. 인간관계를 상실해서 고독하게 밥 먹고 있다고 자각하는 건 괴로우니까.

이러한 정당화를 간파한 철학자 테오도르 아도르노(Theodor Adorno)는 『미니마 모랄리아』에서 이렇게 적었다. 우리는 시장에 종속된 채 고독과 고립에 굴복하도록 강요받는데, 이때 자신의 고립을 자신이 선택한 최선의 결정으로 간주하도록 유혹받는다고.

홀로 먹는 사람들은 여러 이유를 내세우면서 혼자 먹는 게 훨씬 편하다고 생각한다. 혼자 먹는 일이 창피한 나머지 끼니를 거르던 과거보다는 훨씬 당당해진 면은 있다. 그러나 타인의 시선을 신경 쓰지 않고 자유롭게 홀로 식사한다고 생각하더라도 사실은 인간관계가 파탄 난 모습이 아닐까?

영화 〈살인의 추억〉 후반부 장면에서 송강호는 박해일에게 묻는다. "밥은 먹고 다니냐?" 이 대사는 원래 극본에는 없었는데, 송강호가 즉흥으로 상황에 몰입해서 한 대사였다. 유력한 살인용의자에게 왜 밥은 먹고 다니느냐고 물었을까? 평소에 식사를 꼬박꼬박하고 있는지 궁금해서 물은 건 아닐 것이다. 밥은 먹고 다니느냐는 말엔 인간답게 살고 있느냐는 질책이자 염려가 담겨 있는데, 이 대사를 할 때 영화화면은 송강호의 얼굴로 가득 차고 송강호의 시선은 우리를 향한다. 그래서 송강호의 대사는 우리에게 질문하는 것 같은 효과가 나타난다. 밥은 먹고 다니느냐고. 사람답게 살고 있느냐고.

사람답게 살려면 누군가와 밥을 같이 먹어야 한다. 인간은 타인과 밥을 먹으면서 행복을 누리는 존재이다. 무엇을 먹을지 이야기하고, 장을 봐서 요리해 나눠 먹고, 새로운 맛집을 찾아 나서고, 지인들과 단골가게에서 편안하게 외식하는 일 모두 타인과 함께 나누는 기쁨이다.

타인이 곁에 없으면 이 모든 기쁨이 송두리째 사라진다. 우리가 이별에 한층 더 아파하는 이유이기도 하다. 친밀했던 사람과 멀어져 생긴 서글픔에다 혼자 밥을 먹으면서 생겨나는 서러움이 더해진다. 밥을 혼자 먹을 때면 상대의 빈자리가 크게 느껴진다.

하루는 거리를 지나가는데 한 여자가 버섯과 쇠고기를 데쳐 먹고 있었다. 모락모락 피어나는 김에 휩싸인 여자는 뜨겁게 외로워 보였다. 『어느 날 나는 흐린 酒店에 앉아 있을 거다』라는 옛날 시집에는 홀로 국밥을 떠먹으려고 입을 쩍 벌린 중년 남자를 보면서 시인 황지우가 느낀 아릿한 서러움이 담겨 있다. 예나지금이나 홀로 먹는 모습은 아찔한 서글픔을 자아내기 마련이다. 양배추를 데친 다음에 입에 넣고는 오물오물하는 여자의 모습을 보는데, 홀로 먹는 게 시대의 식생활 방식으로 정착되었으니 계속 혼자 먹으리라는 불길한 예감이 엄습했다.

여자가 혼자 먹는 식당 통유리 창문 앞에서 잠깐 서성였다. 마치 그녀가 혼자 먹지 않는 것처럼, 옆에서 같이 먹기라도 하는 것처럼.

같이 흥겹게

혼자 먹을 때면 유쾌하지 않다. 타인과 함께 먹는 일을 고대한다. 그래서 언제 밥 먹자고 누군가 말을 꺼내면 산책가자는 말을 들은 강아지처럼 된다. 시간이 언제 괜찮은지 물으며 꼬리를 살랑살랑 흔든다.

문제는 이렇게 발생한다. 상대는 당황한다. 방금까지 실시간으로 오던 답장이 끊기고 고요한 고독이 등장한다. 약속시간을 쉽게 정하지 못하는 건 단지 바쁘기 때문만은 아니다. 내가 같이 밥 먹고 싶은 사람이 아니기 때문이다.

이건 밥을 같이 못 먹어서 토라진 아이의 자기비하 같다. 그렇다면 이러한 해석은 어떨까? 우리는 누군가와 같이 식사하면서 친해지고 싶지만, 정작 타인과 가까워지는 일을 꺼리기 때문에 식사약속을 부담스러워한다고.

사람들끼리 주고받는 "언제 밥 한번 먹자"는 말은 말 그대로 날짜를 잡아 밥을 먹자는 뜻이 아니다. 상대와 밥을 같이 먹는 일은 이번 생에 이뤄지지 않을 가능성이 높다. 곰곰 생각해봐도 "언제 밥 한번 먹자"고 말한 사람끼리 식사한 경우는 손에 꼽을 만큼 적다. 언제 밥 한번 먹자는 말은 '잘 지내지? 시간 나면 보자. 그게 언제인지 모르지만'을 함의한 인사치레일 뿐이다.

코로나19로 사람 만나는 일이 어렵게 되긴 했지만 그전부터도 사람들 사이의 관계에 변화가 있었다. 메신저로 연락하고, 사회관계망에서 서로 '좋아요'를 눌러주더라도 막상 누군가를 만나는 일은 서서히 줄어들었다. 한 번 보자고 말만 하고 그냥 시간이 흘러가버린 관계가 한둘이 아니었다. 사람들과 맛있게 밥 먹는 일이 적어졌다.

타인과 밥 먹는 일은 줄었는데 세상은 어디를 가도 음식천지다. 대중매체에선 날마다 '먹방'이 나오고, 산해진미가 소개된다. 먹는 일은 강렬한 본능이고, 오늘날엔 음식을 다채롭게 즐길 수 있는 여건이 갖춰져 있다. 과거엔 하루 세끼 쌀밥 먹는 일이 소원이었다면 오늘날엔 하루 세 끼 쌀밥을 먹으면 입에 물린다. 풍요와 맛의 천국이 바로 현대사회이다. 미식가가 되지 않을 수 없는 사회 분위기이다.

인류사를 통틀어 가장 풍족하게 먹고 있는데 그 풍족한 식사를 홀로 먹을 때가 많다. 그야말로 풍요 속 빈곤이다.

맛있는 음식도 나눠 먹어야 제 맛이다. 혼자서 맛깔난 음식을 먹을 때면 머릿속에선 누군가의 얼굴이 떠오른다. 같이 먹으면 어떨까 하는 생각이 몽실몽실 지펴진다. 음식을 홀로 먹을 때 누군가 생각나는 현상은 전 세계 사람들 모두가 겪는다. 각 지역마다 다양한 문화의 차이가 있더라도 인류는 함께 식사한다는 공통점이 있다. 인간의 몸에는 더불어 먹는 본능이 각인되어 있다. 우리가 가상공간에다 음식사진을 올리고 타인이 먹는 영상을 구경하는 것도 함께 먹으려는 우리의 본능 때문이다.

과거의 원시부족은 무리지어 짐승을 사냥했고, 포획한 동물을 분배했다. 죽은 동물의 살은 금방 부패하기 때문에 혼자 갖고 있어 봤자 별 득이 없었다. 얼른 나눠 먹을 수밖에 없었다. 아프리카에서 수렵채집하며 살아가는 부족민은 남은 음식을 보관하는 가장 좋은 곳은 친구의 뱃속이라는 말을 인류학자에게 전했다.

생물학의 관점으로 인간을 설명한 에드워드 윌슨(Edward Wilson)은 조상들이 협동해서 사냥한 뒤 나눠먹은 행태가 인류사에서 매우 중요했다고 『지구의 정복자』에서 지적한다. 동물학자 리처드 랭엄(Richard Wrangham)은 불을 이용해 요리한 음식을 나눠 먹는 일이 사회유대 형성의 보편수단이 되는 건 물론 인체 진화에 결정적인 계기였다고 주장한다.

사냥뿐 아니라 다른 모든 일에도 인류의 조상은 협력했다. 과일을 따고 채소를 캐고 농사짓고 원예작물을 재배하면서도 이웃들과 같이 했고, 수확한 뒤 나눠가졌다. 인간은 공동체로 살아왔고, 식사는 공동체의 중요 의례였다. 다른 사람들과 함께 먹는 일은 인류의 심성 깊은 곳에 자리매김해 있다.

공동식사 행위는 지구 마을 어느 곳에서든 이어져왔다. 세계 대다수 촌락공동체에서는 누군가 배를 곯으면 자신의 음식을 나눠줬고, 혼자 먹는 사람이 있으면 같이 먹었다. 한국에서는 콩 한쪽도 나눠 먹는다는 속담이 있을 정도다. 각설이들은 돌아다니면서 동냥하는 것만으로 굶어죽지 않았다.

같이 먹는 행동은 인류사회의 유구한 전통이고, 함께 먹는 일을 기반으로 인류문명이 작동한다. 그런데 현대에 들어서 인간의 식사 방식이 뿌리째 흔들리고 있다. 극히 희한한 일이었던 혼자 하는 식사가 흔해진 것이다. 현대인은 간단하게 끼니를 때운다. 느긋하게 혼자 먹으면 외로움의 맛도 길어지기에 부랴부랴 식사를 해치운다. 밥을 먹을 때도 먹고 나서도 사람들은 외롭다.

혼자 밥 먹는 데 능숙한 편이다. 혼자 밥 먹는 국가대표를 뽑는다면 도전할 의사가 있다. 손님으로 붐비는 식당에 들어가 당당히 1인분을 주문해 천천히 음미할 정도이다. 다만 먹고 나면 마음 한쪽이 허전하다. 누군가와 이야기를 나누면서 같이 먹을 때보다 소화도 덜 된다.

음식의 영양분은 섭취한다고 해서 고스란히 몸에 전달되지 않는다. 음식은 식사할 때의 분위기와 함께 먹는 사람이 누구냐에 따라 사뭇 다르게 흡수된다. 자신의 밥줄을 움켜쥔 상사와 식사할 때는 황제의 만찬이 앞에 있더라도 음미하기 어렵고, 먹고 나선 체한 것만 같다. 부담스러운 상대와 식사할 때보다는 혼자 먹을 때가 한결 나을지 몰라도 역시나 만족감이 덜하다. 양껏 먹어도 영양흡수율이 떨어진다. 반면에 좋아하는 사람들과 흥겹게 먹을 때엔 편의점의 도시락일지라도 웃음꽃이 피어난다.

사람들로부터 벗어나 혼자 식사할 자유가 주어진 반면에 사람들과 즐겁게 먹을 권리는 상실되어가는 요즘이다. 왜 우리는 자신의 자유를 타인과 식사하는 데 사용하지 못할까? 인간(人間)은 말 그대로 사람(人) 사이(間)에서 밥을 먹어야 하는데 말이다. 인간에겐 식구가 필요하다. 식구(食口), 즉 같이 먹는 사람 말이다.

여태껏 왜 홀로 먹었을까? 가만가만히 마음을 들여다봤다. 홀로 먹을 때 편하다는 명분 아래엔 같이 밥 먹자고 했다가 거절당할 때의 민망함이 숨어있었다. 괜히 제안했다가 멋쩍어질 바엔 혼자 먹는 쪽을 선택해왔고, 그렇게 혼자 먹는 관성이 완강하게 자리 잡았다. 자유로운 것 같았지만 외로웠다.

진실이 지옥이 될 때

외로움에서 벗어나는 가장 쉬운 일은 누군가와 같이 밥을 먹는 일이다. 그래서 그대와 함께 먹을 먹고 싶다. 언제 밥 한번 먹자는 제안이 그저 인사치레가 되지 않게 확실한 날짜를 잡고 싶다.

식사제안을 거절해도 괜찮다. 진실을 숨기는 것보다 조금 아프더라도 솔직하게 자신의 뜻을 전달하는 것이 더 바람직하다고 생각한다. 진실을 얘기하는 사람을 존경하고, 스스로 진실하려고 노력한다. 마지못해 승낙하거나 애매모호한 답변보다는 그대의 진실한 거절을 존중한다.

물론 진실은 진실하게 전해지지 않기 일쑤다. 진실이 늘 통하진 않는다는 것이 세상의 진실이다. 진실을 나누는 일만큼 어려운 일도 없다는 진실을 살아오는 내내 뼈저리게 체험했다. 소싯적엔 진실은 통한다는 믿음을 갖고 있었다. 진실을 향한 열망에 프랑스의 역사철학자 미셸 푸코(Michel Foucault)가 불을 지폈다. 푸코는 고대 그리스를 연구하고는 '솔직하게 말하기(Parrhêsia)'라는 기술을 조명했다. 그 누구든 솔직하게 말하기란 힘겨운 일이므로 고대 그리스인들은 솔직하게 말하기를 익히려고 평생 훈련했다고 푸코는 열변했고, 그 강의내용이 『주체의 해석학』에 담겨 있다. 고대 그리스인의 정신에 감화되어 누구를 만나든 솔직하게 대하려 했다. 온종일 진실만 말할 수는 없었어도 상대의 마음에 닿길 바라면서 되도록 진실을 꺼내보였다. 그대에게 식사를 함께 하자고 제안하는 것처럼 말이다.

제안을 하고 나면 거절을 당하거나 침묵을 대답으로 들었고, 불편해하는 상대를 보면서 깨닫곤 했다. 진실을 표현하는 일도 중요하지만 그에 못지않게 전달방법이 중요하다는 사실을.

사람은 진실을 마주할 때 당황한다. 엉겁결에 전해지더라도 받아들이지 않는다. 진실을 전할 수 있기 위해서라도 진실의 열기를 그대로 상대에게 쏟을 게 아니라 진실을 전하는 요령이 필요하다. 진실을 매사에 표현하는 건 타인과 깊게 소통하게 해주기는커녕 상황을 견딜 수 없게 만든다.

슬로베니아의 사상가 슬라보예 지젝(Slavoj zizek)은 자신의 외면과 내면 사이에 최소한 거리가 있어야만 의사소통이 성공할 수 있다고 지적한다. 내면의 진실을 전하고 싶다면 날것의 뜨거운 진실을 손질도 하지 않은 채 무작정 건넬 게 아니라 거리를 두고 바라보면서 진실의 열기를 조금 식히고는 예쁜 그릇에 담아 건넬 줄 알아야 한다.

상대를 진심으로 대하는 것만으로는 소통이 이뤄지지 않는다. 진실이 수용될 수 있는 분위기를 조성하지 않고 막무가내로 전해지는 진실은 상대가 받아내기 버겁다. 에둘러 돌아가는 우회로가 진실을 전하는 유일한 길일 때가 드물지 않다. 꼭 전해야 하는 얘기라도 사람의 마음을 헤아리지 못한 채 꺼내면 환영받지 못한다.

진실이란 애인이 예전에 만났던 애인들과 비슷하다. 알고 싶지만 알면 기분이 썩 좋지는 않다. 우리는 진실을 알려고 하기보다는 진실이라고 믿고 싶은 환상 속에 머무른다. 사람은 진실을 그리 원치 않는다. 이스라엘의 역사학자 유발 하라리(Yuval Harari)는 『21세기를 위한 21가지 제언』에서 이렇게 말했다. 인간은 진실보다는 힘을 선호한다고. 세계이해보다는 통제에 훨씬 많은 시간과 노력을 기울인다고. 세계를 이해하려는 노력도 세계를 통제하려는 목적이라고. 인간사회가 진실이 지배하는 곳이 되길 기대하기보다는 차라리 침팬지에게 운을 시험해보라고.

우리들은 타인에게 진실을 꺼내기보다는 차라리 반려동물을 끌어안고는 울먹이면서 푸념한다. 반려동물은 비록 언어를 구사하지는 못하지만 눈빛과 몸짓으로 우리의 진실을 알아봐준다. 어쩌면 반려동물이 인간의 고독을 가장 잘 알고 있는지 모른다.

진실을 발신하더라도 수신되지 않는 걸 알기 때문에 우리는 입을 다문다. 진실을 전하지 못해 외롭지만, 진실을 전하려다가 실패할 경우 더 외로워지니까.

돌이켜보면 스스로는 진실하다고 착각하면서도 막상 누군가 진실을 전할 때 기쁘게 받아주지 못했다. 믿고 있던 환상을 깨부수는 날것의 진실을 견디지 못했다. 타인을 감싸 안을 만한 너른 품을 지니지 못했다. 상대의 진실을 수용하고 싶지 않다는 것이 진실이었다. 냉정하게 지난날을 진단하면, 진실을 제대로 전하지도 못하고 상대의 진실도 받아들이지 못한 채 진실타령만 해댔다.

위의 문장을 쓰고 나니 마음 한구석이 불편해진다. 진실이기 때문일 것이다. 음식배달을 시켜서 배터지게 먹고 싶은 마음이 불거진다. 심호흡을 하면서 마음을 진정시키자 그대에게 식사 제안을 더욱 정성들여 정중하게 하지 못했다는 반성이 일어난다. 진심을 전하는 게 어렵다는 걸 잘 알면서도 조금 섣부르게 제안한 것이다.

이미에 꿀밤을 한 대 먹인다.

누구와도 할 수 있지만, 누구와도 하지 않는

진실을 예쁘게 담는 방법을 궁리하는데, 옆집에서 실내공사를 한다. 집중이 안 된다. 음악을 크게 틀어놓으면서 공사소음을 차단한다. 신나는 음악 속에 있으면 외로움이 줄어든다. 영혼으로 노래를 부르는 것 같은 가수의 목소리는 듣는 사람의 영혼을 맑게 씻는다. 무심히 건네는 노랫말에 눈물이 핑 돌기도 한다. 음악을 듣는 동안 비록 혼자지만 충만함으로 마음이 벅차오른다.

물론 음악은 시간이 정해져 있다. 한 음악이 끝나고 다른 음악이 시작되는 그 틈을 소음은 어떻게든 비집고 들어온다. 소음은 외로움처럼 집요한 구석이 있다.

소음을 피해 밖으로 나온다. 더 시끄럽다. 도시는 소음으로 진동한다. 늘 공사 중이다. 건물은 철거되고 금세 재건축된다. 차도 많다. 귀를 찌르는 경적이 여기저기서 울린다. 거리의 술고래들이 고성방가를 해댄다. 전화소리마저 요란하다. 사람들은 남들에게 들릴 만큼 큰 소리로 통화한다. 전화가 걸려와 받으니 전화기 바꿀 때가 되지 않았느냐면서 낯선 이가 다짜고짜 말을 쏟아낸다.

이 모든 소음이 고독의 모습이다. 저마다 고독하기 때문에 소음을 내는 것이다. 소음은 더 큰 고독을 양산한다.

소리가 소음이 되지 않으려면 마음이 담겨 있어야 한다. 마음이 담겨 있어야 소리는 뜻을 갖게 된다. 뜻(意)이란 소리(音)의 마음(心)이다. 그런데 들려오는 소리엔 마음이 담겨 있지 않다. 마음이 없는 소리는 그저 귀청만 따갑게 할 뿐이다.

마음이 담긴 소리가 그리워진다. 하지만 전화기를 통해 다정한 음성을 듣는 일이 별로 없다. 글자나 기호의 형태로 안부를 주고받는 데 익숙하다. 요즘은 이별통보도 문자로 하고, 사랑고백도 떨리는 목소리가 아니라 담담한 글자로 싱겁게 한다.

마음의 소리를 듣는 일이 드물다. 지난날, 부모가 상경한 자식에게 전화로 하는 식상한 당부라도 듣고 싶어진다. 밥을 잘 먹고 다니고, 차 조심하고, 밤늦게 돌아다니지 말라는 진부한 말 속에 담긴 진귀한 뜻이 그리워진다.

거리의 소음을 피해 땅 속으로 들어가 지하철을 탄다. 역시나 붐빈다. 승객들은 마스크를 쓴 채로 자기 손바닥 안을 들여다보고 있다. 사람들로 가득한데 고독하다. 휴대전화를 이용해 심심함은 잊을 수 있어도, 심심함 뒤에 숨어 있는 외로움은 어찌할 수 없다. 손바닥 안의 가상공간을 들여다보다가 문득 좀비가 된 건 아닌지 의문이 든다. 지하철 안에서 사람들은 마스크를 쓴 채 마치 짜기라도 한 것처럼 다 같이 전화기에 정신이 팔려 있다.

처음부터 전화기를 멍하니 쳐다보는 좀비였던 건 아니다. 전화기를 들고 환히 웃던 시절이 있었다. 어릴 적 전화기에서 목소리가 흘러나왔을 때 눈이 휘둥그레지던 기억이 아련하게 남아 있다. 초등학생일 땐 종이컵전화기에 귀를 대니 실을 따라 전해지는 친구의 음성이 간지러웠다. 청소년 시절엔 시모히는 이의 삐삐에다 떨리는 목소리로 안부를 남겼고, 공중전화기 앞에 줄을 서고는 발을 동동 구르며 차례가 돌아오길 기다렸다. 거실에 하나 있던 전화기에서 밀어를 나누느라 애간장이 타기도 했다. 그러다 이동전화기가 손에 주어졌다. 이제 누구와도 실시간으로 통화할 수 있는데, 누구와도 통화하지 않고 있다.

휴대전화기가 삽시간에 퍼진 건 내밀하게 대화하고 싶은 열망 덕분이다. 휴대전화기는 언제든 타인과 대화하고 싶다는 욕망의 구현체인데, 본래의 목적에서 벗어난 지 한참이다. 이젠 휴대전화기로 사진을 찍고 가상공간에 접속하며 전자결제를 한다. 정작 통화는 예전보다 덜 한다. 통화시간을 공짜로 주는데도 통화를 꺼린다. 이제 누군가의 목소리를 듣는 게 어색하고 불편한 지경이다.

통신비는 필수 생활비처럼 지출된다. 통신망 속 한 자리를 차지하려면 기본료를 내야 한다. 혼자 있더라도 누군가와 연결돼 있다는 기분, 소통할 수 있는 가능성 자체에 돈을 지불한다.

전화기는 타인의 목소리를 들을 때 이용하는 기계가 아니라 인간관계의 틀을 좌지우지하는 물신이 되었다. 아무리 비싸도 돈을 바치지 않을 도리가 없다. 전화기가 신분을 드러내는 수단처럼 사용된다. 사람들에게 무시당하면 외로워지니, 무시무시하게 비싼 최신 전화기를 구입한다.

이렇게 목돈을 들여서라도 누군가와 말을 섞고 싶으나, 전화기는 고요하기 짝이 없다. 휴대전화기 덕에 손목시계를 차지 않는다.

휴대전화기는 자신의 임무를 1초의 오차도 없이 24시간 해낸다. 혹시나 연락이 온 게 없는지 들여다볼 때마다 묵묵히 현재 시간을 정확하게 알려준다. 전화기를 확인할 때마다 두 뺨으로 액체가 흘러내린다. 물론 지금의 상황을 인증사진으로 남길 생각은 추호도 없다.

함께 있어서 더 외로운

현대인에게 휴대전화기는 특별한 의미를 지닌다. 처음엔 인간의 필요에 따라 휴대전화기가 발명되었지만, 이제는 휴대전화기의 필요에 우리가 반응하면서 휴대전화기를 각별히 챙기고 있다. 자신의 아기가 배고파할까 봐 전전긍긍하는 엄마처럼 전화기의 배터리가 줄어들면 얼른 채워줘야 할 것만 같고, 전화기가 심심해할까 봐 쉴 새 없이 건드린다. 비록 자신은 고독하더라도 전화기가 고독한 꼴은 참지 못한다.

전화기 상태가 어떠냐에 따라 우리의 상태가 좌우되기까지 한다. 휴대전화기는 현대인에게 체외장기처럼 되었다. 마치 몸 속 위장이 텅 비면 힘이 하나도 안 나듯, 전화기가 조용하면 기분이 축 처진다.

적막은 잔인한 고통이다. 휴대전화는 고요할 때조차 많은 걸 전송한다. 아무런 연락이 없는 건 둘 중 하나라는 망상의 고주파가 발생한다. 나를 사랑하는 사람들이 죄다 사고를 당했거나 아니면 더 이상 나를 사랑하지 않거나.

기술문명의 발달로 인간과 인간의 거리는 급격히 축소됐다. 머나먼 공간을 가로질러 단숨에 누군가와 연결될 수 있다. 이와 동시에 기다릴 수 있는 시간도 짤막해졌다. 애인과 잠깐이라도 연락되지 않으면 관계정리를 염두에 두는 상황이다. 연락이란 전파를 이용한 접촉이자 서로의 마음이 연결되는 접속이고, 연락이 안 된다면 상대에게 소홀하다는 증거가 된다.

오늘도 아무런 신호가 없는 전화기를 노려본다. 1분 1초가 영겁의 시간처럼 느껴진다. 짧게라도 연락이 온다면 한순간에 기분이 하늘 위로 두둥실 날아오를 것이다. 전화기가 반짝이기 시작한 순간 일상이 빛나기 시작한다는 것을 그대는 알면서도 왜 손가락을 몇 번 까닥이며 누르지 않는 것일까. 마른침을 삼키고 손톱을 물어뜯다가, 혹시 연락이 왔는데 못 본 게 아닌가 싶어 서둘러 전화기를 들여다보고서는 머쓱해졌다가, 그렇게 전화기를 집었다가 내팽개치기를 반복하다가, 연락하지 않는 그대를 원망하다가, 전화기에 신호가 뜨는 순간 지금까지의 마음고생이 한방에 날아간다. 돈을 대출해준다는 광고이다. 사랑을 대출할 수 없는지 물으려다가 그만둔다.

그대가 그리우면 먼저 전화하면 될 텐데, 막상 전화를 걸지는 않는다. 그대가 한창 바쁠 시간일 수 있고, 별로 통화하고 싶지 않은 기분일 수도 있기 때문이다. 무엇보다 전화를 걸었는데 그대가 받지 않을 때의 적막이 두렵기 때문이다.

전화기를 통해 누군가와 연결되고 싶은 마음이 있는데, 전화기 때문에 타인과 멀어지기도 한다. 상대를 쳐다보고 대화할 시간에 전화기는 정신을 저 멀리 가상공간으로 납치한다. 현대인은 식사할 때조차 한 손에 전화기를 들고 있다. 함께 있어서 더 외로운 풍경이 집집마다 연출된다. 외로워서 전화기를 자주 만지작거리는데, 전화기를 가까이할수록 더 외로워진다.

하나의 철칙이 있다. 누군가와 함께 있을 땐 전화기를 들여다보지 않는다는 것이다. 나중에 그대와 함께한 자리에서 그대만 바라보더라도 놀라지 말길. 그대와 온전하게 시간을 보내고 싶다는 뜻이니. 물론 식사제안을 거절하듯 이글거리는 나의 눈빛을 거절하고 전화기를 들여다봐도… 괜찮다.

사랑과 쾌락 사이

세상을 휩쓴 자유의 물결은 남녀관계도 촉촉하게 적셨다. 친지의 중매를 통해 결혼한 뒤 배우자만을 바라보던 시절은 자유의 물결에 떠밀려 역사 뒤편으로 퇴장했다. 현대사회는 각자 원하는 대로 살 수 있는 자유가 주어졌고, 남녀관계 역시 개인의 능력을 자유로이 발휘하는 영역이 되었다.

과거엔 연애할 수 있는 여건이 되지 않았고 연애할 겨를도 없이 일찍 혼례를 올렸다. 반면에 오늘날엔 수많은 제약이 허물어졌다. 친족이 주선하는 강제결혼도 없어졌고, 성에 대한 금기도 약해졌다. 새로운 연애후보도 계속 나타난다. 그야말로 현대는 연애의 시대이다.

현대인은 호시탐탐 연애할 기회를 노린다. 연애할 마음만 먹으면 연애할 가능성은 무척 높다. 연애만 놓고 보면 지금만큼 좋은 환경이 없다. 청춘남녀뿐 아니라 결혼한 사람조차 연애할 수 있는 곳이 대도시이다. 시골에서는 누가 누구를 만나는지 금세 소문나지만, 대도시에선 살갑게 얼싸안은 남녀가 애인인지 부부인지 처음 본 사이인지 불륜인지 알 수가 없다. 현대는 홀로 있는 사람들도 수두룩하지만 애인이 여러 명인 사람들도 숱하다.

자유로이 연애할 수 있는 시대다 보니, 한 사람을 오래 만나는 일이 낯설다. 평생 한 사람만 지고지순하게 바라봐야 한다면 속으로 아쉬움이 생기는 형편이다. 괜찮은 사람을 만나고 있더라도 현재에 만족하면 안 된다. 더 좋은 사람이 내일 나타날 수 있다. 곰살갑던 사람이 꿀단지를 발견한 곰처럼 갑자기 이별을 통보할 수도 있다. 영국의 사회학자로서 한국에도 큰 영향을 미쳤던 앤서니 기든스(Anthony Giddens)는 『현대 사회의 성·사랑·에로티시즘』에서 인간관계의 변화를 이렇게 설명했다. 과거의 인간관계는 극단의 사태가 일어나지 않는 한 무난하게 이어졌는데, 현대사회는 두 사람 가운데 한 사람이 원할 때 얼마든지 언제든지 깨진다고.

관계를 지속하기 위해선 헌신해야 하는데, 헌신한다고 관계의 지속이 보장되지는 않는다. 헌신하면 헌신짝처럼 버려진다는 말이 사람들 입에 오르내린다. 오래 정을 나눈 짝이더라도 상황이 바뀌면 서로에게서 등 돌리는 일이 비일비재하다.

영화 〈님아, 그 강을 건너지 마오〉가 큰 감동을 주는 건 두 사람이 오랫동안 애정을 유지했다는 사실 자체에 있다. 사귄 지 얼마 안되어 작은 일 때문에 싸우고 쉬이 헤어지는 세태 속에서 어떻게 60

년 넘게 다정하게 지내는지 관객들은 경이로움을 느낀다. 현대 도시인의 감각으론 이해할 수 없기에 숭고가 발생한다.

오래된 연인에게 경탄하는 건 그만큼 우리가 변했으며 인간관계가 물크러졌다는 의미이다. 지금 우리는 옆에 있는 사람을 정말 사랑하고 있는 걸까? 그대는 진실하게 사랑받고 있는가?

연애가 성사되지 않더라도 사랑은 우리의 마음에서 자연스레 생겨난다. 여름이면 태풍이 일어나듯 때가 되면 숲에서 화재가 발생하듯 대자연은 우리가 사랑에 빠지도록 만들었다. 이러한 감정을 바탕으로 연애가 이뤄지곤 하는데, 현대사회의 연애엔 사랑이 없을 수도 있다. 가볍게 연애하는 사람도 드물지 않고, 서로를 사랑하지 않은 채 습관처럼 만나는 관계도 흔하다.

많은 사람들이 공감할 만한 예가 결혼이다. 둘 사이에 사랑이 없는 부부관계를 찾는 일은 이 씨 성을 가진 사람을 찾는 일보다 쉬울지 모른다. 유부남들이 아직 결혼 안 한 나를 부러워할 때마다 어떠한 표정을 지어야 할지 막막해진다. 자식 때문에 헤어지지 못한다는 유부녀들의 하소연이 울려 퍼질 때면 과연 결혼이란 무엇인지 고민하게 된다.

한마디로 현대사회는 연애하지 못한 채 누군가를 사랑하는 사람도 많고, 사랑 없이 사귀는 사람도 많다.

연애를 쉽게 할 수 있는 세상이 된 건 바람직한 변화이다. 연애를 통해 자신의 욕망을 한층 깊게 이해하고, 다양한 사람을 만나면서 타인을 배려하는 힘을 키울 수 있으니 말이다. 연애의 가능성으로 세상은 두근두근하다. 언제 어디서 연애가 시작될지 모른다.

어릴 때부터 연애의 즐거움을 만끽하는 사람들이 알고 지낸 지 몇 년이 지나 손을 처음으로 잡던 시대를 동경할 리 없다. 누군가 남녀칠세부동석을 외친다면, 그 사람은 고리타분한 구닥다리라는 평가를 넘어서 욕구불만에 시달리는 정신질환자로 간주될 것이다. 처음 보는 이와 거의 강제로 결혼한 뒤 한평생 지지고 볶으며 살아야만 했던 과거로 돌아가고 싶은 사람은 별로 없다.

이처럼 연애가 쉬워진 반면에 사랑은 어려워졌다. 연애타령으로 요란한 세상인데, 사랑이 어디에 있는지 숨은그림찾기 같다. 문어발처럼 여러 사람과 교제하더라도 진실하게 사랑을 나누지 못하면 외로울 수밖에 없다. 진심으로 사랑하지 않으면 연애란 잠깐의 도피책이 되었다가 길고 긴 자책이 되기 일쑤이다. 진짜 사랑에 대한 갈망이 젊은이들 사이에서 퍼져나간다.

외롭다. 사랑이 뭔지 잘 모르면서 대충 연애하기 때문에, 스스로 사랑을 믿지 않기 때문에, 상처를 피하는 안전한 관계만 바라기 때문에, 사랑이 일으키는 삶의 변화를 두려워하기 때문에, 연애에 대한 대중문화는 소비하면서도 스스로 사랑을 창조하지 않기 때문에. 쾌락의 수단으로 상대를 대하기 때문에.

사랑하고 있다는 느낌 자체를 사랑하는

현대인은 타인의 고독에 무신경하다. 우리는 외로운 가슴을 부여잡고 홀로 오들오들 떨고 있다. 인간은 타인으로부터 인정받지 못하면 삶이 안정되기 어려운데, 만인이 만인을 상대로 경쟁하는 현대 사회에서는 따뜻한 지지와 살가운 인정이 연애관계를 통해서만 충족되는 형편이다. 아무도 거들떠보지 않았던 마음 속 외로움을 애인이 어루만져준다. 감격하지 않을 수 없다. 연애에 열광하며 몰두할 수밖에 없는 사회 환경이다.

혼자만의 체온으로 헤쳐 나가기엔 세상이 너무 차디차다. 사랑이라는 햇볕을 쬐면서 눅진한 외로움을 말리고 싶다. 연애는 고독의 구덩이에서 빠져나가도록 하늘에서 내려온 동아줄이다. 그 동아줄만 잡고 오르면 삶이 확 달라질 것 같다. 시련을 겪는 사람이 갑자기 종교를 갖듯 고독에 시달리는 사람은 쉽사리 사랑에 빠진다.

적당한 사람들과 어설프게 교류하면서 외로움의 습기를 걷어내려 한다. 외로움에 등 떠밀려 허겁지겁 연애라는 신기루를 쫓는다. 육박해오는 타인의 존재를 견뎌내며 사랑을 지켜가기보다는 당장의 외로움을 줄이는 데 급급하다. 외로움을 피하고자 서둘러 약속을 잡고, 겨울밤을 혼자 보내기 싫어 타인의 품속을 파고든다. 남들에게 자랑하고자 세상이 욕망하는 사람을 곁에 두려 하고, 진심을 나누지 못하면서도 체온을 나누는 것만으로 만족하기도 하며, 사랑을 잘하고 있다고 자신을 속이려 든다.

이러한 현대인의 행태를 울리히 벡(Ulrich Beck)과 엘리자베트 벡-게른스하임(Elisabeth Beck-Gernsheim)이 예리하게 비평한다. 부부인 두 사람은 『사랑은 지독한 그러나 너무나 정상적인 혼란』에서 연인들이 사랑하고 있다는 생각 자체를 사랑하는 경향이 있다고 지적한다.

상대와 가까워지면 사랑의 환상이 사라진다. 속속들이 알게 된 사람을 이상화하기는 어렵다. 환상은 거리를 통해서 작동된다. 그래서 현대인들은 연애할 때 일부러 일정한 거리를 두기까지 한다. 그래야 서로의 환상이 유지될 수 있으니 말이다. 여전히 고독하기 그지없지만 적어도 누군가가 옆에 있다는 느낌으로 자신을 위로하는 것이 현대의 연애풍속도다. 만나는 사람이 있다는 사실을 내세우면서 실제론 혼자나 다름없는 현실을 외면한다.

연애는 사랑에 눈뜨게 하는 체험이기도 하지만, 때때로 눈가리개처럼 기능하기도 한다. 연애는 일단 고독을 보지 않게 해주는데, 고독이 사라지는 건 아니다. 누군가와 조금 더 가까워지지만 그렇다고 서로 진실하게 개방한 관계를 맺지도 않는다. 그래서 고독하다.

생존기계가 아니라 구애기계

세상에는 읽어야 하는 책도 수북한데다 앞으로 출간될 책도 엄청나게 많다. 서점에 갈 때마다 빽빽하게 들어찬 책들을 보면 흥분이 일어나면서도 위축되는 기분이 든다. 이와 비슷하게 현대는 연애할 가능성이 넘쳐나고 연애 후보가 너무 많다. 책 한 권 선택할 때도 고민을 거듭하는데, 연애상대는 더더욱 잘 골라야 한다는 압박을 받지 않을 수 없다.

우리는 연애상대 후보들을 비교하고 깐깐하게 따진다. 지극히 합리적인 방식이다. 우리의 인지체계는 자동으로 타인을 구별하고 평가한다. 의식으론 사람을 차별하지 않으려고 애써도 무의식중에 판단한다. 첫눈에 마음에 들었다면 그건 순수한 사랑의 발현이라고 믿고 싶겠지만, 사실은 무의식이 순식간에 계산한 결과이다. 저 사람과 결합하면 번식에 도움이 된다며 우리의 무의식이 일으키는 환상과 열정이 첫눈에 반하는 현상이다.

인간은 타인을 보자마자 호감인지 비호감인지 판별하는 감정이 작동하고, 사랑도 타인을 판별한 감정의 한 종류이다. 사랑은 우리가 생각하는 것만큼 순수한 감정이 아니다. 사랑은 낭만과 환상으로 빚은 달콤한 단팥빵인데, 팥소엔 욕망과 이기심이 잔뜩 들어가 있다. 물론 사랑의 팥소엔 인간을 변화시키는 놀라운 힘도 있다.

보통 우리는 자신을 변화시키는 사랑보다는 예전처럼 자동으로 작용하는 욕망을 바탕으로 타인과 관계한다. 욕망은 유전자가 배선해놓은 방식대로 작동하고, 우리의 유전자는 욕망을 통해 퍼져나간다. 리처드 도킨스(Richard Dawkins)는 『이기적 유전자』에서 인간을 비롯해 생명이란 유전자를 운반하는 생존기계라고 정의했다. 일정한 시간이 지나면 우리는 죽어 없어지지만 우리를 통해 퍼진 유전자는 이어진다. 유전자는 자신이 뭘 하는지는 인식하지 못한 채 그대와 나라는 기계를 통해 다른 생존기계를 만들면서 미래로 나아간다.

생물학의 관점에선 생존보다 재생산이 더 중요하다. 암만 부귀 영화를 누렸더라도 번식하지 않은 개체는 모두 사멸했고 현재 그들의 유전자는 전해지지 않는다. 우리는 어떻게든 번식에 몰두한 조상의 후예이고, 그들의 열망은 우리 안에서 들끓으면서 유전자를 퍼뜨리고자 충동을 일으킨다. 이런 맥락에서 미국의 진화심리학자 제프리 밀러(Geoffrey Miller)는 자신의 주저『연애』를 통해 도킨스의 생존기계라는 주장을 비평하면서 구애기계가 더 정확한 명칭이라는 이견을 냈다. 인간뿐 아니라 모든 생명체는 구애하고, 번식에 몰두한다. 이것이 본능이다. 유성생식을 하는 생명체는 더 나은 짝을 찾고자 언제나 짝짓기 기회를 엿본다. 빼어난 번식력을 나타내는 이성의 징표를 무심코 지나치는 동물은 없다.

여느 동물들이 짝짓기 상대를 신중하게 고르듯 우린 더 나은 짝을 찾고자 눈에 불을 켠다. 연애하는 상대란 자신이 어느 정도 위치인지를 드러내는 지표이고, 누구를 만나는지가 곧 자신의 성공 여부와 직결된다.

인간은 고대부터 상대의 조건을 재면서 짝짓기를 해왔다. 합리성이 강화된 현대를 맞아 보다 합리적인 기준으로 인간을 정밀하게 측정한다. 이러한 기계적 합리성은 결혼정보업체에서 단적으로 나타난다. 가입되어 있지 않더라도 우리는 결혼정보회사와 비슷한 방식으로 타인을 평가하고 끼리끼리 만나려고 한다.

뚜쟁이들이 집으로 전화를 걸어서는 동생이 결혼했느냐며 셀 수 없이 문의했는데, 나를 찾는 전화는 한 통화도 없었다. 결혼중개업계의 점수표로 측정하면 나는 아마 최하등급일 것이다. 이렇게 외로움 속에서 눈물이 흐르는 와중에도 열심히 글을 쓰고 있으니 차상위등급으로 올려주지 않을까 하는 씁쓸한 기대를 해본다.

눈물겨운 인간 등급은 새삼스러운 일이 아니다. 인류사 내내 인간에 대한 차별은 공공연하게 이뤄져 왔다. 과거엔 다른 신분과 만나는 것이 원천적으로 불가능했다. 지금은 신분제가 폐지되었으니 법률상 누구와도 만날 수 있지만 여전히 우리는 계급과 계층에 따라 인간관계를 맺는다. 불문율로서의 '카스트제도'는 우리 안에 공고히 자리매김해 있고, 연애할 때 두드러지게 작동한다. 왜 그렇게 자식들의 연애나 결혼에 부모가 흥분하며 간섭하거나 반대하는가? 성이야말로 인간의 신분이 드러나는 영역이기 때문이다.

연애의 카스트제도가 붕괴된 적은 20세기 중후반 68혁명 때 서구에서 잠깐 있었던 것도 같지만, 금세 흐지부지됐다. 68혁명 때도 사랑의 자유를 두고 여성과 남성의 해석은 사뭇 달랐고, 갈등이 득시글거렸다. 그럼에도 68혁명에 대한 낭만이 오늘날까지 이어지는 건 사랑의 혁명성이 분출했기 때문이다.

단단한 사유로 무장했던 정치철학자 한나 아렌트(Hannah Arendt)는 자신의 스승인 칼 야스퍼스(Karl Jaspers)에게 이런 내용의 편지를 썼다. 1848년에서 우리가 배웠듯, 다음 세기의 아이들은 1968년에서 배울 것이라고.

다음 세기의 아이들은 1968년에 일어난 사건을 오랫동안 생각했다. 1848년의 유럽혁명이 실패했듯 68혁명 역시 실패했다. 68혁명의 젊은이들은 기존의 연애방식에 저항하면서 자유로운 관계를 추구했지만, 그 안에서도 차별과 배제가 있었다. 모두를 고르게 사랑하려는 꿈은 아름다웠으나 이루기 어려운 이상이었다.

서로를 재고 따지면서도 사랑한다고 착각하는 모습은 저 멀리에 있는 나쁜 놈들이 강제로 부과한 꼴이 아니다. 현실이 추하다면, 추한 현실은 언제나 우리의 공모를 통해 유지된다. 우리 삶의 고독과 고통은 그저 세상이 일그러진 결과가 아니라 일그러진 우리 욕망의 산물이다. 모든 사람을 사랑하자고 다짐해도 누군가가 더 마음에 들어오는 걸 어찌할 수가 없다.

비린내 물씬 풍기는 비틀린 현실은 인간본성의 일부가 출현한 결과이고, 본성은 쉽게 고쳐지지 않는다. 우리는 완벽을 바라더라도 불완전한 존재이고, 이 간극 사이에서 고독하게 고통 받는다.

얼마든지 타인을 사랑할 수 있지만 타인을 사랑해야 할 이유를 찾지 못한다. 그저 쾌락의 구렁텅이에서 뒹굴며 인생을 소모하다가 외로이 늙어간다.

쾌락의 경제학

어쩌면 쾌락의 구렁텅이에서 뒹구는 일도 인생을 살면서 겪어야 하는 일인지도 모른다. 칼릴 지브란(Kahlil Gibran)은 『예언자』에서 쾌락이 인생의 전부인 것처럼 추구하는 젊은이들을 질책하지 않았다. 도리어 청춘들에게 쾌락을 계속 추구하도록 권고했다.

쾌락을 추구한다고 쾌락만을 얻게 되지는 않는다. 쾌락을 찾다

보면 그보다 더 아름다운 것을 찾게 된다. 연애의 쾌락을 추구하다가 들이닥치는 외로움과 번민 속에서 우리는 진정한 사랑이 무엇인지 조금씩 알게 된다.

우리에게 드리워진 짙은 고독은 어정쩡한 연애를 하기보다는 참된 만남을 하라는 신호일 수 있다. 인생을 새로운 차원으로 성숙시키는 기회가 참된 만남을 통해 열린다.

참된 만남과 설익은 연애는 고통을 함께 하느냐 그렇지 않느냐의 차이로 나뉜다. 어설픈 연애는 서로의 쾌락을 원활하게 주고받는 거래관계이고, 관계에서 얻는 쾌락보다 고통이 많아지면 곧장 거래가 중단된다. 반면에 참된 만남은 쾌락을 향유하면서도 타인의 고통을 끌어안는 관계이다. 현실 속에서 고통 받지 않는 사람은 아무도 없다. 진정으로 누군가를 안다는 건 그 사람의 고통을 안다는 뜻이다. 그렇다면 자신의 고통에만 아파하는 것이 아니라 타인의 고통에 다가가 고통을 나눌 때 비로소 진정한 만남이 성사된다. 따라서 참된 만남은 충격과 부담 그리고 동반성장을 뜻한다.

충격과 부담이라니, 벌써부터 마음이 무거워진다. 참된 만남을 그냥 안 하고 싶어진다. 하지만 고개를 도리도리 돌리려는 정수리를 김상봉이 등장해서는 죽비로 내리친다.

김상봉은 참된 만남이란 표현을 자신의 여러 책에서 줄기차게 구사하는 철학자이자 존경스러운 사람이다. 참된 만남을 피하려는 비겁함과 옹졸함이 인생을 변변찮게 만드는 이기심이라는 걸 김상봉의 책을 읽으면서 알게 되었다.

바보같이 순진하게 살다가 죽기는 싫어

현대사회에서 연애란 타인과 소통하며 자신을 성장시키는 모험이라기보다는 안락한 현재 상태를 유지시키는 보험이기 십상이다. 게다가 연애도 경쟁의 영역이므로 애인은 자신을 돋보이게 만드는 장신구와 비슷한 기능을 한다. 남들이 감탄하는 외모를 지녔거나 능력이 출중한 애인은 그 애인을 만나는 사람을 돋보이게 만든다.

어떤 이들은 연애할 때 끝없이 사진을 찍는다. 추억을 간직하기 위해서가 아니다. 자신의 잘남을 남들에게 과시하고자 연애를 이용하는 것이다. 사랑을 나눌 때도 상대는 황홀경의 동행자가 아니다. 잠깐 이곳의 고독에서 벗어나 쾌락의 세계로 진입하는 교통수단으로써 이용된다. 현대인은 수많은 교통수단을 이용해 세계 방방곡곡을 여행하는데, 애인 역시 교통수단이 되어버린다.

이러한 요즘의 세태를 연애의 능력화, 연애의 쾌락화라고 설명할 수 있다. 연애는 자유와 능력과 쾌락이라는 현대사회의 가치와 결합되어 있다. 연애가 자유를 발휘해서 쾌락을 얻는 능력으로 인식되기 때문에 각자 능력을 발휘하라고 권장한다. 연애의 이력이 화려할수록 성공한 사람처럼 보인다.

여성에게 가해지던 이중 잣대도 줄어들었다. 연애를 선망하면서도 남자를 향한 관심이나 연애경험을 숨기려 했던 구시대 여자들과 달리 신세대 여자들은 연애경험이 적으면 인생을 제대로 사는 것 같지 않다며 자책하고 울컥한다. 여전히 여자들은 남자의 마음이 얼마나 진지한지 검증하려 들고 남자들보다 조신하게 굴지만, 시대의 변화는 뚜렷하다. 요즘 여자들은 성적 모험을 감행한다.

프랑스의 여성학자 엘리자베트 바댕테르(Elisabeth Badinter)는 성인이 되기 전까지 성경험이 없다는 사실이 여자들에게 만족감보다는 불안을 불러일으킨다고 분석했다. 성경험이 없는 여자들은 자신에게 문제가 있는 건 아닌지 의심하면서 정신과상담을 받거나 처녀성을 없애고자 별 욕망 없이 첫 경험을 치른다. 이렇게 성의 세계에 발을 들인 뒤엔 자기만의 방식으로 성생활을 즐긴다. 바댕테르는 여성남성을 불문하고 바보같이 순진하게 살다가 죽지 않겠다는 강박을 갖고 있다고 말한다.

현대사회는 쾌락의 자유를 선사했고, 그냥 즐기면서 대충대충 사는 것이 멋지고 근사한 것처럼 선전되며, 우리는 누릴 수 있는 쾌락을 극대화하느라 정신이 없다. 연애의 가능성이 무한대가 된 만큼 능력껏 즐기는 세상이 되었다. 더 진하고 더 짜릿하고 더 야하고 더 뭉클하고 더 다양한 연애를 갈구한다.

연애는 권리이자 의무처럼 되어간다. 요즘 만나는 사람은 없느냐, 이상형은 어떻게 되느냐고 사방에서 물어본다. 서로가 서로에게 끊임없이 연애대상을 물색해서 소개해주는 일도 빈번하다. 당장 오늘 밤에도 연애를 시작하거나 시도하는 사람들의 두근거림으로 도시가 후끈후끈하다. 이런 상황이다 보니 연애하지 않으면 주제넘게 눈이 너무 높거나 이상한 사람처럼 비친다. 연애하지 않으면 노력을 좀 하라고 압박이 가해진다. 연애가 권장되다 못해 강요되는 분위기가 깔려 있고, 연애하지 않으면 비정상처럼 취급된다.

∞

대학교엔 제복을 입고 돌아다니는 남자들이 있다. 학군단 장교 후보생들이다. 3~4학년 동안 군사훈련을 받고서는 대학을 졸업하고 장교로 임관할 예정자들이다.

각 학교의 학군단은 연말에 축제를 한다. 장교후보생들은 애인이든 친구든 여자를 데려와야 한다. 없으면 길 가는 여자라도 사정해서 데려오라는 압박이 은근하면서도 격하게 가해진다.

제복을 입고 다니던 대학교 3학년 때 동행자 없이 학군단행사에 참가했다. 물론 누군가를 데려오려고 애를 썼는데 상대가 거절했다. 홀로 있는 나를 바라보는 사람들의 시선에는 당혹감과 아울러 한심함이 섞여 있었다. 전수조사를 하지는 않았지만 수많은 학군단 축제에서 동행인이 없는 경우는 찾기 힘들 것이다.

그렇다고 축제에 겉돈 건 아니었다. 사회자였다. 단상에서 행사를 진행했다. 무대에 올라 깜찍하게 끔찍한 율동도 했다. 수많은 공연이 끝난 뒤 장교후보생들은 동행인을 챙기면서 식사했다. 그 틈에 끼어 앉아 서러운 눈물을 속으로 삼키면서 음식을 먹었다. 무얼 먹었는지 기억나지 않는다.

4학년 때도 동행인이 없었다. 또 거절을 당했다. 다행인지 불행인지 동행인 없이 참가한 동기가 한 명 더 있었다. 작년에 같이 왔

딘 사람을 왜 안 데려왔느냐고 묻자 동기는 어깨를 으쓱해보였다. 그 동기와 밥을 먹었다. 아무렇지 않은 척했지만 그 동기와 같이 있는 게 뭔가 꺼림칙한 느낌이었다. 그 동기도 슬그머니 나와 거리를 두었다. 둘 사이에 묘한 정적이 흘렀다.

오랫동안 연애하지 못하는 사람은 취업준비생의 비애를 체험하게 된다. 연애가 계속 잘 되지 않는다면 100군데에 입사원서를 넣었으나 1차 서류심사에서 모조리 탈락했을 때와 유사한 고통을 받는다.

어떻게 이리도 잘 아는가? 갑자기 눈에 차오르는 이 습기는 무엇인가!

연애를 좀 하라고

연애를 자유로이 할 수 있는 시대가 되었는데, 이상하게 외로웠다. 연애하는 능력이 떨어지기 때문이었다. 학군단 축제에 혼자 가고 싶었겠는가. 군 생활하면서 여자 친구의 전화가 그립지 않았겠는가. 왜 갑자기 시야가 뿌예지는지 모르겠다. 잠깐 화장실 가서 눈동자에 낀 습기를 제거하고 오겠다.

화장실에 갔다 오니 마음이 화창해졌다. 화창한 마음으로 지난 날을 돌아봤다. 고독 속의 난동이었다. 젊은 날에 뜨거운 감정을 요리해서 내놓았지만, 그릇에 예쁘게 담지 못한 채 전하면서 상대의 혀와 입술을 데게 만들었다. 한편으론 내면의 어두운 그늘을 상대에게 알리고 싶지 않아 누군가 다가오면 외려 마음의 문을 굳게 걸어 잠그기도 했다.

사막의 모래바람처럼 뜨거웠던 시절은 지나갔다. 청춘의 열기는 마음에 화상을 남겼다. 그 화상 덕에 인간과 세상에 대한 환상이 불타버렸다.

이제는 연애에 대한 관심이 줄었다. 연애하기 위해서는 연애시장에서 요구하는 조건을 충족시키고 연애의 규칙을 준수해야 하는데, 이런 얽매임이 귀찮다. 사람들 사이를 헤매면서 누군가와 연결되어 밀고 당기는 일도 넌더리나고, 마음을 줄까 말까 재고 따지는 일도 내키지 않는다.

누군가를 만나지 못해 외롭지만, 누군가를 깊게 이해하기까지 지난한 과정도 외롭고, 연애가 성사되어도 외롭다. 어차피 외로울 바엔 연애하지 않고 홀로 있는 게 더 현명하다는 생각마저 든다. 그렇게 오래 혼자 있었는데, 요즘 깨달은 건 연애를 멀리하려는 태도가 지혜로운 처신이라기보다는 삶을 피폐하게 만드는 어리석음이라는 것이다.

홀로 있으면 자유로워진 느낌이 생기더라도 얼마 지나지 않아 허무함이 들이닥친다. 허무함 때문에 그냥 대충 살게 된다. 음식을 마구 먹고, 드라마를 주구장창 보고, 밤마다 야식배달을 시키고, 오락으로 시간을 허비한다. 정치기사의 댓글을 열독하고, 연애하는 사람들을 질투하며, 틈만 나면 물건을 산다. 이러한 일들은 분명 즐겁다. 하지만 쾌락이 수그러질 때쯤 잠복하던 외로움이 알싸하면서도 싸하게 엄습한다. 술 마시고 돈을 쓰면서 일상의 한기를 틈틈이 떨쳐내더라도 삶의 온기가 오르지는 않는다. 사랑하는 사람이 없으면 하루에 몇 번 웃지 않게 되고, 일상의 분위기는 으스스해지며, 점점 죽어가는 기분이 든다. 사람은 사랑을 해야만 사람이고 사랑 없이는 삶이 아니라는 사실을 지독한 고독 속에서 깨닫는다.

사랑하지 못하면 엉뚱한 대상에 감정을 쏟게 된다. 외로움 때문에 마음의 부상을 입은 사람들을 파고들면서 연예문화산업이 부상했다. 잘 생기고 예쁘고 매력 있는 연예인을 동경하고 관심을 쏟으면서 우리는 일종의 가상연애를 체험한다. 그 연예인은 나를 모르지만, 날마다 화면으로 보는 데다 개인정보도 속속들이 알고 있으니 사귀는 사이처럼 느껴진다. 그가 부르는 노래는 날 위해 부르는 것처럼 들리고, 드라마 속 연애행각에 심장이 제멋대로 쿵쾅거린다. 고통과 고독을 고백하는 연예인을 보면서 위안을 얻기도 한다. 연예인을 미워하면서 악성댓글을 달기도 하는데, 이것 역시 사랑의 뒤집힌 꼴이다. 미움이란 사랑의 변질이다. 관심이 없는 사람에겐 미움도 생기지 않는다.

연예인에 흠뻑 빠진 사람은 외로운 사람이다. 시인 강정의 『나쁜 취향』엔 외국배우의 자살소식을 듣고는 슬픔을 처절하게 표출하는 모습이 나온다. 그런데 강정은 평소에 그 배우를 딱히 좋아하지 않았다. 주체할 수 없이 오열했던 자신이 민망했고 황당했다. 외국 배우의 자살 소식이 도화선이 되어 마음에 쌓였던 분노와 슬픔, 우울과 그리움, 좌절감과 외로움이 폭발해버렸던 것이다. 고독했던 강정은 현대의 고독한 군중이 대중문화를 이렇게 소비한다고 자신을 예로 들어 설명했다.

인터넷에 떠도는 짧은 영상을 보면 감정이입이 일어난다. 수많은 연예인과 연애 비슷한 방식의 가상관계를 맺게 된다. 사랑을 나누지 못하는 현실로부터 도피하는 방법이다. 좋아하는 연예인이 잘되면 마치 애인이 잘된 것처럼 기쁘다. 그런데 정신을 차리고 보면 어두운 골방에서 혼자 박수를 치고 앉아 있다.

가상연애에 몰두하다보면 현실에서 연애할 가능성이 줄어든다. 연예인에게 애정을 쏟은 만큼 현실에서 사랑할 기운이 남아 있지 않다. 더구나 연예인만 쳐다보면 주변 사람들이 성에 차지 않는 정도를 넘어 오징어로 보이게 되는 시각왜곡 현상도 나타난다.

화려한 연예인과 가상관계를 맺으며 대리만족하는 것보다는 실제 현실에서 조촐하게라도 연애하는 것이 훨씬 낫다. 연예인을 향한 관심을 끄고, 형편없는 수준의 연예기사를 보지 않기 시작했다. 연예가 아닌 연애가 필요했다.

식사가 그저 생존본능에 따른 행위라면서 대충 먹거나 거르면 몸이 망가지듯 연애가 그저 번식본능에 따른 행위라면서 대충 하거나 하지 않으면 삶이 망가진다. 연애를 통한 사랑의 향유가 인간에게 필수라는 진실을 고독 속에서 몸부림치다가 깨달았다. 연애에 꼭 사랑이 들어 있지 않더라도 사랑의 가능성이 있다.

사랑은 누군가의 마음을 두고 경쟁하는 상대와 싸우는 일이 아니라 자신의 이기심과 싸우는 일이다. 이기심과 투쟁하면서 뜨겁게 살지 않으면 쾌락에 쫓겨 삶을 탕진한다. 사랑이 없으니 외로움을 잊고자 속절없이 쾌락을 탐닉한다. 프랑스의 철학자 알랭 바디우(Alain Badiou)는 사랑이 아닌 쾌락이 지배하는 세상을 냉철하게 진단하면서, 상대를 향한 애정을 지키고자 이기심을 극복하는 것이 사랑이라고 목청을 드높였다. 그의 목소리는 『사랑예찬』에 고스란히 실려 있다.

∞

연애시대라고 해서 모두에게 연인이 있는 건 아니다. 많은 사람들이 혼자이다. 결혼은커녕 연애도 하지 못하는 사람들이 부지기수이다. 그럼에도 연애시대라는 건 연애하지 않는 사람들이 연애의 이탈자가 아니라 연애의 예비자이기 때문이다.

다섯 살 때부터 알고 지낸 한 친구를 오랜만에 만났다. 친구는 주변에 결혼하지 않은 사람이 자기밖에 없다며 푸념했다. 결혼했다가 이혼한 사람들이 한둘이 아니라고 위로했으나, 누구는 갔다가 오는데 자신은 한 번도 못 갔다고 투덜거렸다. 어릴 때는 남자들이 끊임없이 자기 곁에 맴돌아 연애가 어렵다는 생각을 전혀 안 했는데, 나이가 들수록 만날 수 있는 괜찮은 남자가 멸종했다며 연애생태계의 지각변동을 이야기했다.

친구는 운석이 떨어지고 빙하기가 들이닥쳤을 때의 공룡 같은 표정이었다. 몇 년째 연애를 못 하고 있었지만 남자를 만나지 않는 건 아니었다. 최첨단 시대답게 친구는 스마트폰 앱을 통해서 손쉽게 여러 남자들을 알게 되었고, 연락을 주고받다가 만났다. 남자들을 부담 없이 만날 수 있는 기술을 이용해 친구는 다양한 남자들과 어울렸지만 누군가와 깊은 관계가 되지는 않았다. 친구는 고작 이정도밖에 안 되는 상대를 만나자고 그동안 홀로 있었나 하는 사실을 받아들일 수 없었다고 고백했다. 친구의 얘기를 들으면서 어쩌면 현대인은 '고독의 투자'를 하는지 모르겠다는 생각이 들었다.

오늘날 기본 정상상태는 혼자가 아니라 연애이다. 혼자라는 건 비상상태이다. 비상상태를 타개하고자 사람들은 대책을 마련한다. 살을 빼기 위해 식단조절에 들어가고, 열심히 운동해서 몸매를 가꾸며, 새 옷을 사거나 머리모양을 바꾸기도 하고, 여러 모임에 가입해 대인관계를 넓히기도 한다. 연애 가능성을 높일 수 있다면 뭐든지 한다. 일정 기간 고독을 투자해서 고독으로부터 빠져나갈 준비를 한다.

오늘날 고독은 더 나은 상대를 만나고자 인내하는 시간처럼 취급된다. 여러 조건이 미달되어 마음에 들지 않는 사람을 만날 바에는 혼자 있는 것이 현명한 일처럼 느껴지기도 한다.

그런데 고독이 길어지면 그만큼 투자량이 늘어나 한방에 보상해줄 만한 대단한 상대가 아니고서는 마음의 문이 열리지 않는 문제가 발생한다. 그동안 쏟은 고독의 투자와 함께 본전 생각이 나서 웬만해서는 마음이 열리지 않는 것이다. 그렇게 계속 혼자 지내면서 타인과 함께하는 감각마저 상실해 간다. 연애세포가 죽는다는 말을 실감하게 된다.

때때로 고독을 투자해 미래의 고독을 거부할 수 있는 힘을 키울 수도 있다. 하지만 고독을 투자한 만큼 고독이 불어나 고독의 거부(巨富)가 되기 십상이다. 고독을 거부하는 일보다 고독의 거부가 되는 일이 자주 일어난다.

글을 쓰고 나니, 다른 누구 얘기가 아니다. 고독은행에 그동안 겪은 고독을 넣는다면 곧장 최우등고객이 될 텐데, 고독은행이 없는 게 아쉽기만 하다.

아찔하고 아늑하고 아름다운 사랑을

그대도 나름 고독의 거부일 것이다. 누구나 타인의 마음에 다가가다가 좌절하고 고독했던 시간이 있을 수밖에 없기 때문이다. 화장실에 가서 그대도 훌쩍인다는 데 호주머니에 있는 돈을 몽땅 걸 수 있다. 뒤져보니 오백 원이 있다. 시장에서 바나나를 사고 남은 거스름돈이다.

재화를 사고파는 시장은 곳곳에 있고, 가상공간에서도 활발하게 거래가 이뤄지는데, 사람의 마음을 얻을 수 있는 시장은 없다. 큰돈을 투자하면 타인의 환심을 살 수 있는 가능성이 높지만 진심 자체를 단번에 돈으로 살 수는 없다. 다른 방법을 써야 한다.

누군가의 마음에 다다르고자 여러 방법을 쓴다. 상대가 마음의 창을 열길 바라며 노래를 부르고, 마음에 쌓인 벽돌을 부수고자 망치를 휘두르며, 상대의 마음 속 우편함에 무사히 도착하기를 바라며 편지를 쓰고, 인공위성이라도 된 것처럼 상대의 주변을 맴돌면서 전파를 보내며, 연락이 오면 총알처럼 뛰어가기도 한다. 이 모든 건 나의 외로움을 알아봐주고 안아달라는 신호다.

마음의 더듬이를 민감하게 뻗어 상대의 마음을 더듬는다. 타인의 마음을 알아낸 뒤 그에 맞춰 처신하면 사랑을 얻을 것 같기 때문이다. 타인의 마음을 알고 싶다는 마음엔 내가 어떻게 해야 하느냐는 물음이 담겨 있다. 어떻게 행동하고 어떻게 표현해야 나를 사랑해줄 것이냐는 간절한 요청이다.

그러나 타인의 마음이란 다다르기 어려운 심연이다. 제논의 역설(zenon's paradox)에 나오는 거북이처럼 타인의 마음은 좀처럼 포획되지 않는다. 타인의 마음이라는 거북이를 잡고자 한 발 다가가면 거북이도 그만큼 앞으로 간다. 조금 더 다가가 알 듯 하다가도 신기루처럼 타인의 마음은 흐려진다. 끝내 거북이를 붙잡더라도 등딱지 속으로 몸을 숨기면 어찌할 도리가 없다.

타인을 잘 안다고 믿었다가도 뒤통수 맞을 때가 한두 번이 아니다. 타인을 알면 알수록 모르는 게 많다는 걸 알게 된다. 믿는 도끼에 발등 찍힌다는 속담이나 열 길 물속은 알아도 한 길 사람 속은 모른다는 속담에 고개를 끄덕이게 된다.

사람이 그리워 사람을 찾고 그 사람의 마음을 알고자 노력하는데, 상대의 마음을 속속들이 알기 어렵다. 타인에게 가까이 다가가더라도 어쩔 도리 없이 서로에게 거리감을 느낀다. 그동안 가까워졌다가 엇갈린 수많은 인연들이 떠오른다.

마음이 어긋나면서 상처를 받아 외로웠던 시간이 그대에게도 있을 것이다. 마음을 다치면 마음이 닫히면서 다시 열리기 쉽지 않다. 누군가 새롭게 다가오더라도 어차피 엇갈릴 거라면서 냉소하기도 한다. 차가운 마음으로 세상의 모든 연애를 비웃기까지 한다. 그들이 부러운 만큼 자신의 고독이 고통스럽기 때문에 연인들을 삐딱하게 본다. 행복한 사람은 타인에게 까칠하게 굴지 않는다.

지난날을 돌아보면, 홀로 있는 자신을 정당화하면서 다시 상처받지 않고자 마음의 장벽을 높이 세웠다. 방어하는 만큼 상처를 덜 받았는지는 모르지만 조금도 행복하지 않았다.

둘이 가까워지고자 노력하면서 외로움을 줄이는 건 참으로 아름다운 순간이다. 비록 하나가 되지는 못하더라도 서로에게 다가간 모든 순간은 잊지 못할 체험이다. 이러한 기억으로 가슴이 물든 사람은 행복하다.

애타게 구애를 했어도 거절당하고, 뜻하지 않은 이별에 세상 끝난 것처럼 마음이 아프더라도, 다시 사랑을 꿈꾸고, 언제나 사랑을 바란다. 사랑이야말로 우리가 빚어낼 수 있는 아름다움이기 때문이다. 비록 좌절과 거부와 실패와 고독 속에서 살아왔더라도 누군가의 마음에 다가가려고 노력했던 진실한 순간이 밤하늘의 별처럼 빛나고 있다. 사랑의 아름다움이 눈부신 나머지 외로움도 눈을 지그시 감고는 웃는다.

그대여, 아찔하고 아담하고 아늑하고 아름다운 사랑을 하길.

거울로 가득한 골방

드넓은 가상공간이란 바다를 항해하다 보면 둥둥 떠다니는 수많은 유리병을 마주하게 된다. 무수한 사람들이 자신의 사연을 병에 넣은 뒤 띄워 보낸다. 한 번도 본 적 없는 누군가가 마개를 열어주길 기대하며 유리병에 고민을 담는다.

가상공간에 자기 이야기를 띄우는 건 주변에 귀 기울여주는 사람이 없기 때문만은 아니다. 오래 알고 지낸 사람과 나눌 수 없는 이야기를 처음 보는 사람과 나눌 때가 종종 있다. 가까운 사이라면 더 깊은 이야기를 나눌 것 같지만 막상 그렇지 않다.

내가 화장실에서 울먹인다는 사실은 세상 그 누구도 모른다. 오직 그대만 알고 있다. 그대에게 속사정을 털어놓는 건 우리가 서로 가깝지 않은 사이이기 때문이다.

현대의 인간관계는 정중하게 외교하는 두 나라의 관계와 비슷하다. 좋은 면만 보이고 서로의 이익을 공모한다. 모든 게 잘 돌아간다는 표정의 외교관처럼 굴어야 한다. 혹여나 자기 안의 고뇌를 드러냈다가는 마약과 범죄가 들끓는 국가처럼 비치면서 경계대상이 될 수 있고, 자칫하다가는 외교단절마저 겪는다. 위험을 감수하기보다는 이 정도 관계라도 유지하기 위해 가면을 계속 쓰게 된다.

상담이 봇물처럼 터져 나오는 배경이다. 자신의 마음 속 깊은 곳을 누군가 좀 알아줬으면 좋겠는데, 지인과 나누기가 어렵다. 그래서 잘 아는 사이는 아니지만 자기 이야기를 경청해주는 사람에게 사정을 털어놓는다. 라디오 방송은 말할 것도 없고 공중파 예능부터 신문과 잡지에 이르기까지 온갖 매체에서 우후죽순 상담을 진행하고 있다. 명성을 얻은 인물이 상담 형식으로 대중강연을 하고, 상담 내용을 담은 책이 겨울철 붕어빵처럼 팔린다.

왜 상담은 전시되는 걸까? 남들이 다 보도록 사연을 올리고 공개상담을 신청하는 까닭은 그만큼 타인의 관심이 절실하기 때문이다. 자신의 고민을 누군가 귀 기울여 들어줄 때 인간은 위로받는다. 우리는 위로받고자 상담 신청을 한다.

그렇다면 왜 타인의 상담을 구경하는 걸까? 자기만 고통 받고 있지 않다는 사실을 확인하기 위해서이다. 세상 사람들의 사연을 접하다 보면 모두가 외롭고 힘들다는 사실을 알 수 있다. 타인의 고통을 보면 잠시나마 자신의 고통이 진정된다. 대중매체에 실리는 사연을 통해 고통의 보편성을 확인하면서 안도감을 얻는다.

사회학자 지그문트 바우만(Zygmunt Bauman)은 『액체근대』에서 대중상담이 인기를 끄는 현상을 분석한다. 바우만에 따르면, 대중매체의 고충상담은 사람들이 고난에 맞서 홀로 싸우는 현실을 알려준다. 거의 모든 고충상담은 당사자가 개인적으로 고충을 해결해야 한다고 강조한다. 그래서 저마다 자신의 고민을 끌어안은 채 고독하게 생을 견디게 되고, 상담은 쉴 새 없이 반복된다. 고통에 홀로 맞서는 세상이 쭉 이어진다.

각자 자신의 고통을 고독하게 책임져야 하는 오늘날, 상담은 고독을 앓아 뜨거워진 이마를 짚어주는 양호교사의 손길과 비슷하다. 비록 이마를 짚어준다고 열이 내리진 않지만 위로를 받는다. 학생들이 양호실에서 잠깐 쉬었다가 다시 교실로 돌아가 성적 경쟁을 벌이듯 우리는 상담실에서 잠깐 위안을 받은 뒤 사회로 돌아가 성공 경쟁을 해나간다.

상담의 시대

상담을 받고 타인의 상담을 본다고 해서 고독으로부터 벗어나는 건 아니다. 남들도 다 외롭다는 사실에 당장 몰아닥치는 고독의 눈발이 좀 잦아들더라도 자신을 에워싼 고독의 추위가 사라지지는 않는다.

상담은 얼어붙은 발에 따뜻한 물 한 잔을 붓는 일과 비슷하다. 당장 동사할 거 같으니 상담이라는 임시방편이 필요하지만 미봉책이다. 동사하지 않으려면 자신의 환경을 바꾸고자 움직여야 하는데, 따뜻한 곳까지 갈 용기와 끈기가 없는 경우가 많다. 상담에 관심을 갖는 건 문제를 직면하기보다는 외면한 채 그래도 노력했다는 변명을 하려는 속셈일지도 모른다.

의사들은 수많은 환자들을 상대하면서 놀라운 경험을 한다. 환자들이 고통에서 벗어나고 싶다고 말하지만, 정작 치료받기를 두려워하는 사례를 숱하게 겪기 때문이다. 심지어 자신의 고통을 고스란히 지키려는 환자마저 있다.

고통의 뿌리가 무엇인지 파헤치면서 인생을 새로이 변화시키는 일을 반가워하는 사람은 아무도 없다. 우리는 관성의 존재이고, 변화를 내켜하지 않는다. 고독도 관행화된다. 고독에서 벗어나려고 용기를 내기보다는 예전처럼 고독에 머무른 채 독하게 사는 쪽을 선택한다. 고독이 더 악화되지 않도록 관리할 뿐, 기존의 인간관계를 바꾸려고 하지는 않는다. 너무 외로우면 여러 가지 진통제를 통해 고독을 누그러뜨린다. 상담도 고독에 대한 진통제이다.

대중매체에서 이뤄지는 상담 중에는 심각한 내용도 있지만, 소소한 일상에 대한 내용이 주를 이룬다. 상담은 신청자의 사연을 듣고 조언해주는 방식으로 이뤄지는데, 꼭 해답을 제시하지 않아도 된다. 고민을 속 시원히 해소하고자 상담을 신청한 것이 아니기 때문이다. 그저 얘기를 들어주는 것만으로 신청자는 위로받는다.

우리는 돈을 내고라도 상담을 신청한다. 상담자와 내담자의 관계가 인격 대 인격의 참된 만남이라면 다행이겠지만, 적지 않은 경우 용역의 일종이 되어버린다. 슬라보예 지젝은 『잃어버린 대의를 옹호하며』에서 상담가를 성판매인에 비유한다. 성판매인이 돈을 받고 자신의 몸을 내어준다면 상담가는 돈을 받고 자신의 정신을 내어준다. 물론 지젝이 문제제기하는 게 아니란 사실을 염두에 두어야 한다. 성판매인은 돈을 받음으로써 상대와의 내밀한 감정 교류를 차단하듯, 상담가도 내밀한 감정의 격류에 휩쓸리지 않으려면 돈을 받아야 한다. 상담도 극심한 감정노동이다.

우리가 고민해야 하는 건 상담의 효과나 상담의 액수가 아닐 것이다. 오히려 자신을 잘 알지도 못하는 누군가에게 돈을 주면서까지 상담을 의뢰하는 상황 자체가 심각한 문제이다.

무수한 사람들이 허겁지겁 상담실 문을 두드리는 건 우리가 주변 사람들의 이야기를 듣지 않기 때문은 아닐까? 타인의 외로움을 보듬으려 하지 않은 채 자신의 외로움만 토로하는 이기심이 주변 사람들을 더 외롭게 만드는 게 아닐까?

인간관계가 얕고 엷고 허술하고 허접할수록 상담업계가 수익을 거둔다. 세상의 남편들이 아내의 외로움을 알아주고 토닥여준다면 그렇게 많은 여자들이 교회나 절에 가서 흐느끼지 않을 것이다. 물론 아내가 자신의 외로움을 알아주지 않아 자신이 밖으로 나돌고 있다는 남자들의 볼멘소리도 들끓는다. 아, 외로운 사람들이 너무나 많은데, 좋은 인간관계는 너무나 부족하다.

미국의 심리학자 에이브러햄 매슬로(Abraham Maslow)는 모든 좋은 인간관계에서 발견되는 근본특성이 심리치료의 근본특성과 일치한다고 지적한다. 존중과 보호 그리고 사랑은 반드시 타인을 통해서만 얻을 수 있고, 친구 사이든 연인 사이든 부모자식 사이든 스승세자 사이든 좋은 관계가 인간 성장에 매우 중요하다고 강조했다. 심리치료도 두 사람 사이에 좋은 관계가 맺어질 때 무의식중에라도 치료효과가 나타날 수 있다고 매슬로는 말한다.

프랑스의 정신분석가 자크 라캉(Jacques Lacan)도 자신을 찾아오는 사람이 요구하는 것은 결국 사랑에 대한 요구라고 파악했다. 그러나 '나쁜 남자' 자크 라캉은 환자가 바라는 걸 알면서도 사랑을 주지 않았다. 대신에 사랑을 요구하는 내담자 자신의 욕망을 직면하게 하려 했다. 정신분석가의 역할은 내담자에게 사랑을 주는 것이 아니라 내담자가 스스로 자신을 들여다볼 수 있도록 도와주는 일이라고 믿었기 때문이다.

마음을 직면하게 하는 관계이든, 편하게 이러쿵저러쿵 떠들 관계이든, 그대는 사람들과 좋은 관계를 맺고 있는가? 지금 목구멍으로 치미는 그 말을 함께 나눌 수 있는 사람이 곁에 있는가? 전화기에 수많은 사람들의 연락처가 저장되어 있어도 그 목록을 쓰윽 훑어보고는 전화기를 내려놓지 않는가?

좋은 사람들로 둘러싸인 그대에게도 차마 주변 사람들에게 속내를 꺼내 보일 수 없을 때가 있을 텐데, 그럴 때면 그대는 어떻게 하는가?

안절부절못하다

사람들은 자신의 이야기를 들어달라고 가상공간에서 외친다. 오늘도 갖가지 사연이 가상공간에 올라온다. 수많은 사연을 수많은 사람들이 읽고 답해준다. 가상공간은 새로운 시민광장이다. 사람들은 가상공간에서 이야기하고 어울린다.

현대도시에서 타인과 접촉이 없는 삶은 가능하더라도 가상공간에 접속하지 않는 삶은 불가능하다. 우리는 가상공간을 통해 사람을 검색하고, 더 넓은 세계를 탐색하며, 새로운 상품을 물색한다. 요즘엔 휴대전화기를 통해 가상공간을 손쉽게 이용할 수 있다. 사건과 소식이 실시간으로 끊임없이 전해진다.

그런데 빛이 환하면 그늘도 짙다. 우리는 가상공간에 떠돌면서 빛과 그늘을 두루 체험하고 있는데, 시간낭비란 그늘이 유독 짙다. 맨체스터 유나이티드 축구팀 역대 최고의 감독이었던 알렉스 퍼거슨(Alex Ferguson)은 사회관계망서비스 없이도 할 수 있는 게 백만 가지가 있고, 차라리 도서관에 가서 책 한 권 읽으라고 얘기한 뒤, 진지하게 사회관계망서비스란 시간낭비라고 말했다.

퍼거슨의 우려처럼 가상공간은 우리의 시간을 잠식한다. 조금이라도 심심하면 곧장 가상공간에 들어가야 직성이 풀리는데, 들어가서 하는 거라곤 형편없는 기사에 달린 어이없는 댓글이나 쓸데없는 게시판의 소동이나 시시껄렁한 영상을 보는 일이 전부다.

시간낭비와 함께 자기통제의 약화도 가상공간의 파장으로 생긴 현상이다. 뇌가 변했다. 집중력이 형편없어졌으며, 진득하게 책을 읽기 어려워졌다. 글을 읽다가도 주의가 금세 흐트러진다.

최첨단 기술을 분석하고 사회변화를 연구하는 미국의 저술가 니콜라스 키(Nicholas Carr)는 『생각하지 않는 사람들』에서 자신의 경험을 들려준다. 니콜라스 카는 문명의 이기를 사용한다고 생각했지만 어느새 휴대전화와 노트북에 자신이 중독된 걸 자각했다. 니콜라스 카는 자신을 통제하려고 거의 전투를 벌이듯 애면글면했는데, 집중력과 사고력이 저하된 나머지 좀처럼 성공하지 못했다. 금단현상처럼 접속하지 않으면 초조함이 폭발했다.

가상공간에 들어가지 않으면 불안해진다. 내면을 들여다보기는커녕 하루 종일 가상공간만 들여다보고 있다. 이 글을 쓰면서도 가상공간에 접속하고 싶어 곤혹스러웠다. 휴대전화기를 충전하는 동안 고독한 현실에 당혹감을 느끼는 지경이다. 배터리가 방전되면 침이 바짝 마른 채 안절부절못하다가 급속 충전한 뒤 서둘러 가상공간으로 도피한다.

오늘날 가상공간의 접속은 권리가 아니다. 강제되고 있다. 처음엔 원할 때만 가상공간에 들어갔는데 어느새 가상공간에 상주하고 있다. 우리가 가상공간을 이용하는 게 아니라 가상공간이 우리를 이용한다. 가상공간의 유혹으로부터 저항하는 힘은 점점 약해진다. 이 글을 쓰기 전에도 가상공간에 들어가 괜히 이것저것을 쓸데없이 뒤적거리면서 시간을 낭비했다는 사실을 이실직고한다.

접속하지 않으면 뒤처지는 것만 같다. 어떤 소식을 세상 사람들은 다 아는데 나만 모르면 큰일이 벌어지기라도 할 것처럼 가상공간을 돌아다닌다. 하지만 정작 가상공간에서 뭘 봤는지 기억도 잘 안 난다. 점심에 뭘 먹었는지도 가물가물하다. 디지털 치매에 걸린 것만 같다.

디지털 치매라는 용어는 정보화의 속도가 으뜸인 한국에서 최초로 만들어졌다. 독일의 정신의학자 만프레드 슈피처(Manfred Spitzer)는 디지털 매체를 사용할수록 사고능력과 비판능력이 떨어지는데, 특히 어릴 때부터 디지털 단말기를 갖게 하는 건 사실상 일종의 마약을 투여하는 것과 같다고 단언했다. 한국 학생들의 경우 12퍼센트가 인터넷에 중독되었다는 발표도 있었다. 만프레드 슈피처는 디지털 매체가 우리를 뚱뚱하고 어리석고 외롭고 불행하게 만든다고 『디지털 치매』에서 웅변했다.

가상공간을 탐구해온 기술연구가 셰리 터클(Sherry Turkle)은 『외로워지는 사람들』에서 장례식 일화를 들려준다. 가까운 사람이 죽어 슬픔과 엄숙함이 감도는 와중에 참가자들은 휴대전화기를 만지작거린다. 한 나이든 여성은 장례식이 끝난 뒤 휴대전화기가 없었으면 그렇게 오래 못 앉아 있을 거라고 셰리 터클에게 털어놓는다. 현대인은 장례식에서도 애도하지 않고 전화기로 딴 짓을 한다.

물론 전화기를 들여다봐도 좋으니 장례식에 조문와준 것만으로도 감지덕지일 만큼 외로운 사람들이 많긴 하다. 하지만 장례식에서 전화기를 들여다보거나 하염없이 오열하기보다는 죽기 전에 그 사람을 찾아가서 눈을 마주보며 이야기를 나눴으면 더 좋지 않았을까?

알긴 알지만 친구는 아닌

가상공간에서 활발히 교류하면 외로움을 줄일 수 있다. 하지만 외로움이 더 심해질 수도 있고, 실제로 고독을 조장하기도 한다. 가상공간의 화면을 들여다보는 시간만큼 곁에 있는 사람의 눈을 들여다보는 시간은 줄어들 수밖에 없다.

누군가를 만났는데 상대가 전화기를 계속 만지작거리면 불쾌해진다. 같이 있지만 혼자인 꼴이다. 멍하게 있자니 어색해서 자신도 전화기를 붙들게 되고, 상대가 볼 일이 다 끝나서 쳐다볼 때 한창 가상공간을 떠돈다. 같은 공간에 있지만 서로 다른 가상공간을 헤맨다. 가상공간의 자극이 곁에 있는 사람에게 들어가야 할 관심을 앗아간다.

이렇게 만나서도 각자의 전화기를 붙잡고 있을 바엔 그냥 안 만나는 게 낫다고 느끼는지 사람들은 요새 덜 만난다. 휴대전화기를 매개로 한 짧은 안부연락으로 관계의 욕망을 채운다. 여기에 코로나19가 쐐기를 박았다.

사람들과 어울린 횟수를 진지하게 되짚어볼 필요가 있다. 타인을 실제로 만나는 일이 줄어들었을 것이다. 우리는 살아 숨 쉬는 인간과 접촉하는 대신 휴대전화기 속 화면과 접촉하고 있다.

외출해서 누군가와 만나는 일을 대체할 만큼 가상공간은 우리를 매혹한다. 가상공간의 매력은 안전하고 쾌적하게 수많은 사람들과 관계할 수 있다는 데서 생겨난다. 현실에서 타인에게 관심을 보내면 사이가 돈독해질 수 있지만 위험도 두둑하게 생긴다. 상대가 자신의 관심에 응답하지 않으면 서운하고, 혹여나 배신한다면 하늘이 무너진다. 반면에 가상공간에선 주식투자하듯 수많은 사람들에게 관심을 분산투자할 수 있다. 위험도 덜하고 인간관계도 덜 질척거린다.

가상공간의 인간관계는 현실의 인간관계와 사뭇 다르다. 현실에는 멀어지길 원해도 차마 잘라낼 수 없는 인간관계가 있기 마련이다. 반면에 가상공간에선 인간관계가 신속하게 맺어지고 간단하게 풀어진다. 어울릴 만한 상대를 단박에 찾아주고, 마음에 안 드는 누군가가 있으면 차단하면 된다. 현실에서 타인에게 좋아하는 마음을 표현하는 건 어렵지만 가상공간에서 '좋아요'를 눌러주는 건 쉽다.

타인의 마음 깊숙이 들어가는 교제는 각자도생해야 하는 현대사회에선 부담이다. 우리는 서로에게 헌신하고 책임져야 한다는 주장에 고개를 끄덕이기보다는 손사래를 친다. 누군가와 깊게 친해지려고 하기보다는 외로움을 손쉽게 잊고자 가상공간을 이용한다.

문제는 가상공간을 통해 어느 정도 외로움을 덜 수 있을지 몰라도 외로움에서 벗어나지는 못한다는 사실이다. 가상공간 자체에 고독이 서려 있다. 가상공간의 고독이 싫어서 우린 음악을 틀어놓고 가상공간을 이용한다.

세계 곳곳에서 조사할 때마다 조금씩 다른 결과가 나오긴 하지만, 그래도 과거보다 아는 사람은 늘어났으나 친구는 줄어들었다는 답변이 다수를 차지한다. 그럴 수밖에 없다. 가상공간에서 많은 사람을 알게 되었어도 그들의 이름과 겉으로 드러난 몇 가지 특징만 피상적으로 알 따름이다. 친구 사이라고 할 수 없는 사이이다. 타인이 필요한 순간에 홀로 있다. 가상공간에서의 풍성한 인간관계는 현실의 궁핍한 인간관계와 맞물려 있다. 현실에서 만날 수 있는 타인이 없으니 더더욱 가상공간에 접속하게 된다.

하루에 몇 번이나 가상공간을 이용하는지 횟수를 세어보라. 그 숫자는 그대가 겪고 있는 고독의 양과 비례할 것이다. 애인과 진한 사랑을 나눌 때 연예인에게 열광하기가 쉽지 않듯 사랑하는 사람들과 충만한 하루를 보낼 때 가상공간에는 많이 머무르지 않는다.

오늘 가상공간에 얼마나 자주 들락날락하는지 세어보니 11번이었다. 딱히 편지가 오지 않는데도 굳이 접속해서는 전자우편함을 들여다봤다. 혹시나 쓰레기편지를 걸러내는 여과기능이 너무 강력하게 설정된 건 아닌지 의심하면서 잘못 분류된 편지가 없나 괜히 쓰레기편지수거함을 뒤적거렸다. 심심한 나머지 요즘엔 쓰레기편지가 어떻게 작성되는지 살펴보기도 했다.

이 정도의 정성을 현실 속 사람에게 쏟았다면 이렇게 고독에 대해 골똘히 생각하며 글을 쓰지 않아도 되었을 텐데…. 후회가 밀려오니 다시 화장실에 잠시 다녀오겠다.

보고 싶은 것만 보고, 듣고 싶은 것만 듣는

화장실에 갈 때 굳이 휴대전화기를 들고 간다. 별의 별 당황스러운 일을 겪고서도 말이다.

군 복무하던 시절에 변기의 물을 내리는 순간 손에서 전화기를 놓쳤는데 기막히게도 전화기가 소용돌이 속으로 빨려 들어가 감쪽같이 사라진 적이 있었다. 애타게 전화를 걸었으나 받는 사람이 없었다.

또 한번은 화장실에 전화기를 들고 갔다가 물이 들어가는 바람에 전화기가 켜지지 않았다. 물을 닦아내고 뜨거운 바람으로 아무리 말려도 전화기는 소생하지 않았다. 이런 사태를 겪고도 정신을 못 차리고는 여전히 밀실에서 전자파를 쐬고 있다.

가상공간에 접속하자마자 수많은 사람들이 환영해주니 설렌다. 구독하는 글을 읽고, 영상을 보며, 강의를 듣고, 대화를 나눈다. 누군가와 함께 있는 것 같다. 그러나 지금 화장실 변기에 앉아 있다.

휴대전화기 화면에 나오는 사람과 제대로 된 관계를 맺었다고 할 수 없다. 아무리 친한 척해도 서로를 잘 모른다. 가상공간에서는 자신을 취사선택해서 구성할 수 있다. 세탁기 안에 수북하게 쌓인 옷가지를 잘 숨기고는 탈수기에서 마지막 한 방울까지 쥐어짠 뒤 빳빳하게 다린 한 벌의 옷이 마치 자신인 것처럼 드러낸다. 가상공간의 인기는 얼마나 자신을 포장해서 선전하는지에 좌우된다.

가상공간의 사람들은 눈앞에 있지만 사실은 멀리 있다. 그들은 충분히 멀리 있기 때문에 안전하다. 현실관계에선 보고 싶지 않아도 봐야 하고, 겪고 싶지 않아도 겪어야 하는 게 있어서 불안과 불편과 불쾌가 발생한다. 그러나 가상공간에선 보고 싶은 것만 보고,

맺고 싶은 사람과만 관계를 맺을 수 있다.

가상공간의 인간관계는 원만하고 유용하다. 심각한 이야기를 나누지 않아도 되고, 심상한 말만 심심찮게 주고받는다. 창들을 띄워놓고 여러 사람들과 대화하다가 더 이상 대화하고 싶지 않으면 곧장 꺼버린다. 외롭지만 덜 외롭기 위해서 우리는 잘 알지 못하는 사람들을 이용한다.

서로가 잘 알지 못하므로 가상공간은 허세와 자랑으로 도배된다. 가상공간은 관음증과 노출증이라는 폭풍이 불고, 부러움과 질시의 파도가 몰아치는 험난한 바다이다.

우리는 휴대전화기라는 조각배를 타고 가상공간을 항해하는데, 스치듯 지나가는 모든 배를 향해 손을 흔들지 않는다. 외모, 유명세, 옷차림, 여행지, 재력에 과민반응하고, 자신이 필요한 분야에만 관심을 둔다. 가상공간은 철저하게 욕망대로 돌아가고, 인간의 욕망이 거침없이 분출된다.

사람들이 구글이나 네이버에서 검색한 내용을 분석해놓은 대규모 통계결과를 보면, 일상에서 좀처럼 드러나지 않지만 우리 안에 분명히 내재한 인간의 욕망을 파악할 수 있다. 일일이 나열하기엔 쑥스럽고 머쓱한 것들이 많다.

인터넷을 돌아다니면서 클릭하거나 검색한 내용을 점검하다 보면 외로움과 창피함을 느끼곤 한다. 그래서 그 흔적을 지우려고 애를 쓴다. 여기서도 깨끗이 지워야 하는 게 있다. 흔적을 없애고자 물을 내린다. 방향제도 뿌린다.

홀가분한 마음으로 다시 사람들을 구경한다. 구경만 할 수 없다. 노출을 시도한다. 물론 화장실에 있다는 사실을 알릴 순 없다. 비록 화장실 변기에 앉아 있지만 사회관계망에선 요새 인기 있는 책을 읽고 있는 것처럼 행세한다.

이러한 포장을 일찍부터 익혀왔다. 하이텔, 천리안, 유니텔, 나우누리 같은 PC통신의 시대를 지나 프리챌과 싸이월드로 대표되는 초창기 가상공간을 넘어서 요즘 페이스북과 인스타그램 같은 사회관계망서비스에 이르기까지 오랜 세월 가상공간에서 활동하다 보니 자신을 전시하는 재간과 요령이 생겼다. 본 모습을 그대로 드러내지 않는다. 사람들의 관심과 방문을 유도하고자 자극적인 제목을 달고, 남들이 보기에 좋은 사진을 올린다.

오스트리아 출신의 신학자이자 기술문명 비판가 이반 일리치(Ivan Illich)는 『학교 없는 사회』에서 전화기를 매개로 사람들이 연결되는 방식에 회의감을 표출했다. 이반 일리치는 단순히 즐거움 때문에 전화기를 사용하고, 습관처럼 사용하는 것에 문제제기했다. 휴대전화기를 늘 옆에 둔 채 가상공간에 사로잡힌 나를 이반 일리치가 본다면, 등짝을 철썩 때리며 정신 차리라고 불호령을 칠 것이다. 물론 그런 일이 벌어진다면 나는 이반 일리치를 경찰에 신고한 뒤 겪은 일을 가상공간에 올리면서 주목받으려 할 것이다.

가상공간은 주목경쟁을 벌이는 공간이다. 이젠 어느 지역이 정말 궁금해서 가지 않는다. 주목받기 위해 간다. 남들의 시선을 받을 수 있다면 물불가리지 않을 자세가 갖춰져 있다. 가장 유명한 현대

예술가 앤디 워홀(Andy Warhol)은 미래엔 누구나 15분 정도는 유명해질 수 있다고 말했는데, 그 예언이 적중했다. 우리는 모두 잠복유명인이고, 언제 어떻게 유명해질지 모르며, 그날이 일찍 오기를 열망한다.

유명해지고 싶은 열망을 머금고 가상공간이 구성된다. 가상공간은 인간극장이다. 이목이 쏟아지면 짜릿하다. 우리는 타인의 시선을 기꺼이 즐기는 노출증을 지녔고, 타인 구경을 즐기는 관음증도 지녔다.

가상공간에서 일상을 전시하는 사람들을 통해 인간의 욕망을 알 수 있다. 인간은 타인과 함께 일상을 나누고 싶은 가운데 자신의 존재감을 확인받고 싶어 한다. 소통이라는 단어 뒤엔 인정 욕망이 그득하다. 인간의 욕망을 등에 업고 가상사회관계망이 삽시간에 어마어마하게 발전했다.

하지만 가상공간에선 진정한 소통도 어렵고, 제대로 된 인정도 얻기 힘들다. 가상공간을 통한 교제는 달달한 함정이 되기 쉽다. '좋아요'를 몇 천 개 받아도 과연 믿을 만한 사람의 따뜻한 말 한마디보다 더 좋은지 의문이다. 가상공간에 머물다 현실로 귀환했을 때 들이닥치는 고독과 공허는 무엇을 놓치고 있는지를 냉정하게 알려준다.

문제는 이런 걸 안다고 해도 사랑하는 사람들과 관계를 도탑게 쌓아나가지 못한다는 점이다. 가상공간에 접속하며 도둑맞은 것처럼 시간을 흘려보내는 관성을 좀처럼 깨지 못한다. 누군가를 만나는 게 귀찮다. 밖에 나가 사람들과 얼굴을 맞대는 일이 내키지 않는다. 만나서도 이 만남을 가상공간에 올릴 건수로 취급한다. 사진을 올리고자 누군가와 만나는 경우마저 있다.

가상공간에서 오랜 시간을 보내다 보면 알게 된다. 가상공간을 통해 예전 친구와 연락되더라도 실제로 만나지는 않는다는 걸. 가상공간에서 사람들의 눈길을 받더라도 이것은 참된 만남이 아니라 지나가는 스침이라는 걸. 가상공간에 머물수록 삶은 더 외로워지고 외로울수록 가상공간에 중독된다는 걸.

접속이 아닌 접촉을

쓸쓸함을 느끼며 변기에서 일어서려는데, 너무 오랫동안 앉아 있어서인지 다리에 쥐가 났다. 다시 변기에 주저앉아서 쥐가 풀리도록 다리를 주무르다가 하릴없이 휴대전화기를 들여다본다. 쥐가 난 사실을 금세 까먹고 전화기를 다시 갖고 논다.

휴대전화기는 최첨단 장난감이다. 가지고 놀수록 어린아이 수준으로 퇴행한다. 눈앞의 영상을 보는 동안 주위엔 유리벽이 생겨난다. 누가 말을 걸어도 응답하기가 싫어진다. 심지어는 식사나 수면도 거르고 가상공간에 머물 때도 있다. 그저 당장의 쾌락에 골몰하게 된다.

철학자 한병철은 멀리 내다볼 수 있는 능력이 요구되는 행동방식을 휴대전화기가 위축시킨다고 『투명사회』에서 지적했다. 스마

트폰이 사용자를 즉흥성에 도취된 근시안으로 만든다는 한병철의 주장에 가슴이 쿡 찔린다. 할 일이 산더미인데 마약중독자처럼 화장실에서 나오지 않은 채 휴대전화기를 들여다보고 있으니 말이다. 왜 이러고 있는지 전화기를 판매한 사람도 모르고, 화장실 변기를 만든 사람도 모르고, 시어머니 장맛의 비법이 궁금한 며느리도 모른다.

어느새 복잡하고 다양하고 더디고 까다롭고 시간이 걸리는 것을 원치 않는다. 일상에 조금의 빈틈도 허용하지 않는다. 매순간 온갖 자극이 쏟아지고, 매끄럽게 하루 일상이 돌아간다. 기존의 자신을 뒤흔들며 변화를 일으키는 저항성은 상실된다. 어제나 오늘이나 그날이 그날처럼 된다.

가상공간의 수많은 정보는 때때로 지식을 준다. 가상공간에서 평소에 접하지 못한 수많은 자극과 맞닥뜨리고, 필요하면 원하는 정보를 검색해서 얻는다. 하지만 검색한 정보가 지혜가 되지는 않고, 가상공간의 자료가 교양을 높여주지는 않는다.

가상공간은 충분히 깊게 사유하는 분위기를 조성하지 않는다. 가상공간에 올라오는 정보의 태반은 신변잡기이거나 유혹의 떡밥이다. 더구나 가상공간은 취향 위주로 구성된다. 거북한 정보는 걸러진다. 가상공간은 낯선 타인과 연결되어 소통하는 마당이기보다는 비슷한 사람들을 통해 자신이 옳다는 환상을 유지시키는 거울로써 이용된다. 타자를 맞닥뜨리면서 발생하는 대립과 부정성이 끼어들 여지가 별로 없다. 무한히 넓은 정보의 세계와 연결되었는데 실상은 온통 거울로 가득한 골방에 갇힌 꼴과 다름없어진다. 진정으로 내면에 충격을 선사하면서 사유하게 만드는 타자성을 가상공간에서는 만날 수 없다.

가상공간엔 진정한 만남이 없다. 인간은 타인을 만날 때 오감으로 만난다. 시각, 청각, 후각, 촉각, 미각을 총동원한다. 여기에 상대의 마음까지 헤아리는 육감을 더해서 인간은 상대와 어우러진다. 현실 속 만남은 감각의 향연이다. 반면에 가상공간에서 이뤄지는 만남은 시각만 활용되고, 여기에 고작해야 청각과 육감이 더해질 뿐이다. 현실 만남과 달리 농밀하지 않다.

인간은 몸과 몸이 마주하고 함께 호흡하며 말을 섞어야 타인을 온전히 이해할 수 있다. 상대의 외관과 댓글을 보고 판단하는 건 가장 낮은 수준의 인지작용이다. 인간은 시각에 민감한데, 그렇다고 시각의 차원에서만 타인을 평가할 순 없다. 한 사람을 제대로 이해하려면 외로웠던 시절을 이야기할 때의 떨리는 목소리를 들어야 하고, 꽁꽁 감춰둔 마음을 쓰다듬어야 하며, 오래된 기억의 냄새를 맡아야 하고, 흉터에 굳어 있는 핏물을 혀로 핥아야 한다. 오감으로 겪어야만 한 사람의 진면목을 알 수 있다. 상대를 생생히 감각하면서 열린 마음으로 어우러질 때 둘 사이에 이해가 오롯이 싹튼다.

타인의 마음을 만지지 못한 채 전화기만 만지면서 하루를 보내고 있다. 첨단기술을 매개로 누군가와 연결되었다는 감흥에 취하더라도 우리에겐 육체가 있다. 아무리 가상공간에서 소통하는 것 같더라도 실제로 만나 체온을 느끼면서 대화하지 않으면 고독의 그늘이 짙어진다.

가상공간에 도취되면 삶이 공허해진다. 우리에겐 더 많은 접속이 아닌 더 많은 접촉이 필요하다. 이 말은 스스로에게 하는 호소이기도 하다.

인아, 제발, 집에만 있지 말고 좀 밖을 나가라.

그래, 일단 화장실 밖을 나가자.

갈 곳이 없다

도시에서 태어나 도시에서 계속 살고 있다. 생긴 건 서울 태생 같지 않지만 서울 출생이 확실하다. 1983년 봄날 새벽 6시 15분에 태어났다고 이대병원에서 발급한 출생증명서가 있다. 위조된 거 같지는 않다.

서울이 고향이라면 서울에서 편안함을 느끼면 좋을 텐데, 서울 토박이인 나에게도 도시생활은 외롭다. 수많은 사람들이 모여 사는 도시는 화려한 외관으로 외로움을 감추려고 애를 쓰지만, 그 위장은 실패한다.

서울에서 밀려나 성남으로 이사 온 지 20년 가까이 되고 있는데, 옆집에 누가 사는지도 모르며 연락해 만날 수 있는 사람이 단 한 명도 없다. 성남은 인구 100만에 이르는 거대한 도시인데 안부를 묻는 이웃이 없다. 전화기엔 어젯밤 코로나19에 몇 명이 걸렸는지 알려주는 성남시 긴급재난문자만 온다.

도시는 정신없이 하루를 보내도록 유도한다. 외로워할 겨를이 없다. 늘 시끌벅적한 도시에서 조용하게 일상을 보내는 건 축제가 벌어지는 가운데 혼자 독서하는 것처럼 이상해 보인다. 우리는 새로운 사람들과 연결되고, 쉴 틈 없이 만난다. 정적이 흐르는 생활을 한다면 도시인으로서 자격미달처럼 된다.

수많은 사람들이 모여 있다 보니 도시에선 별의 별 일이 끊임없이 벌어진다. 시큰둥하기 쉽지 않다. 우린 남의 일에 관심이 많고 참견하기를 좋아하니까.

화제가 된 사람들에 대한 기사나 영상을 뿌리치는 건 옹골찬 기개가 필요한 일이다. 사람은 타인에게 자동으로 관심을 갖고, 특히나 유명인에 대한 정보를 탐욕스레 소비한다. 인간 뇌의 복측선조체는 유명세에 민감하게 반응한다. 요즘 잘 나가는 연예인을 거리에서 우연히 마주치거나 외국에서 문학상을 받은 소설가의 글을 읽을 때 복측선조체의 혈류량이 늘어난다. 텔레비전을 통해 저명인사를 보는 것만으로도 쾌락이 생긴다. 유명한 사람은 왜 더 유명해지는가? 유명하기 때문에 더 유명해진다. 유명한 사람을 알고 싶어 하는 우리의 본능으로 말미암아 유명한 사람은 더 큰 명성을 얻는다.

까마득한 옛날부터 지금까지 인간의 삶은 누구를 알고 있느냐에 따라 판가름되었다. 타인을 향한 호기심과 관계를 맺으려는 열망은 본능이다. 우리들은 되도록 인간관계망을 넓히려 하는데, 이왕이면 유명하고 권세 있는 사람과 알고 지내려 한다.

도시인은 시골에 사는 사람보다 인간관계가 넓은 편이다. 아는 사람이 많을수록 살아가는 데 여러 모로 유리한 고지에 오른다. 연줄을 통해 일이 신속하게 해결된 적이 있다면 인간관계가 얼마나 큰 힘이 되는지 잘 알 것이다. 부모들이 자식을 법조인이나 의료인으로 만들려 하거나 혼사를 통해 판검사나 의사를 인척으로 삼으려는 까닭도 단지 그 직업의 연봉이 많기 때문은 아닐 것이다. 법조인이나 의료인이 여느 사람들보다 큰 힘이 있기 때문이다. 우리는 인간관계를 넓히는 가운데 더 힘이 있고 성공한 사람과 연을 맺으려고 노력한다.

모든 동물은 두뇌의 크기에 따라 관계의 숫자가 좌우되며, 인간은 150명을 넘기 어렵다고 영국의 진화심리학자 로빈 던바(Robin Dunbar)는 통찰했다. 두뇌의 신피질 크기로 말미암아 인간관계를 확장시키는 데 제약이 있는 것이다. 가상공간에서 수천 명의 지인과 연결되어 있더라도 그 모두가 의미 있는 관계는 아니다.

대도시엔 워낙 많은 사람들이 몰려 살고 있는데다 우리의 인간관계는 이미 포화상태라서 누군가를 더 알아가는 게 부담된다. 인생에 별로 도움이 안 될 것 같은 타인과의 부대낌은 설레는 접촉이 아니라 우리를 지치게 만드는 피로이다. 도시에서는 평범한 이웃이 번거롭고 거추장스러운 대상으로 취급된다. 우리는 서로에게 마음의 거리를 둔 채로 유명인의 소식과 정보만 게걸스레 찾아본다.

같이 밥을 먹지는 않지만, 한 건물에서 날마다 엄청난 양의 음식 쓰레기가 쏟아져 나온다. 한 건물 안에서 수많은 사람들이 먹고 잔

나. 현관문을 열고 나가면 옆집까지 불과 몇 걸음 안 된다. 출근길 지하철을 타면 사람들에게 끼어 실려 간다. 사람들 사이의 거리를 측정하면 인류 역사상 가장 많은 사람이 밀집해 있는데, 이것은 그 누구도 원치 않는 밀착이다. 우리는 주변의 타인을 알지 못하고, 그들은 딱히 의미가 없다.

말끔하고 깨끗한 도시를 운영하기 위해선 보이지 않는 곳에다 대규모 쓰레기장을 계속 만들어야 한다. 마찬가지로 깔끔한 사회성을 유지하려면 대부분의 사람들을 배제해야 한다. 누군가와 친하다는 건 다른 사람들과 거리를 둔다는 의미이다. 살면서 의미 있는 사람이 생기는 만큼 무의미한 타인이 대규모로 생겨난다. 가깝게 지내던 사람들도 끝없이 관리되고 쉴 새 없이 정리된다.

현대 도시의 호화찬란한 외관을 한 꺼풀 벗기면 외로움의 속살이 연약하게 드러난다.

특별시의 특산품

현대는 도시를 구심점으로 삼아 돌아간다. 도시는 인간을 빨아들인다. 시골 사람들은 도시로 가고, 도시 사람들은 대도시로 향한다. 대도시는 위성도시를 끼고는 무지막지하게 커져간다. 한국을 보더라도 수도권은 어마어마해졌다. 모든 게 서울에 몰려 있다 보니 서울에 살지 않은 사람들은 박탈감에 시달리는 지경이다.

초창기 도시는 호기심이 일어나는 공간이었다. 이전 세대 사람들에게 도시란 별천지였다. 시골 사람이 도시에 오면 거리마다 볼거리가 가득해 정신이 아득해졌다. 좋기만 하지는 않았다. 차량의 소음과 건물 간판에서 뿜어나오는 불빛과 인파가 빚어내는 혼란으로 정신이 사나웠다.

이와 달리 요즘 세대는 대다수가 도시에서 태어난다. 도시의 생활방식이 편리하다고 느끼지도 못할 만큼 도시화되어 있다. 어느덧 도시는 인간이 살아가는 유일한 터전처럼 되었다. 도시인은 주말에 바람 쐬러 근교로 잠깐 나가거나 휴가기간에 다른 지역으로 여행갈 따름이다.

귀농과 귀어가 늘었다고 하나 현대사회의 인구 대다수는 도시에 몰려 있다. 시골에서 도시로 향하는 흐름을 돌이키기 어렵다. 시골의 학교가 줄줄이 문을 닫고 있다. 노인들만이 시골을 지키고 있다.

이처럼 도시에 인구가 많은 만큼 사람들의 체온만 합쳐도 후끈후끈할 것 같은데, 도시는 싸늘하다. 불편해도 시골엔 아련함이 있는 반면에 세련된 외양을 하고 있는 도시엔 삭막함이 도사린다.

도시와 시골의 느낌 차이는 더불어 정을 나누는 사람들이 있느냐 없느냐 이 차이에서 비롯된다. 공동체 여부가 정감의 차이를 만든다. 도시엔 사람들이 많아도 한배를 타고 있다는 감각이 결여되어 있다.

도시인들은 누군가에게 정붙일 여유가 별로 없다. 도시인들은 함께 모여 있지만, 각자 쪼개져 있다. 도시에선 혼자서도 웬만큼 먹고 살 수 있는데, 이러한 편리함은 외로움이란 대가를 치러야만 얻을 수 있는 혜택이다.

도시의 혜택을 듬뿍 누린 젊은이들은 그만큼 고독을 감내해야 한다. 젊은이들은 태어나면서부터 내내 경쟁 속에서 자란다. 만인에 대한 만인의 경쟁은 일상이다. 타인 위에 올라서려는 욕망으로 달음박질만 쳤을 뿐 누군가와 마음을 나누는 방법을 배우지 못한다. 마음을 열고 싶더라도 어색하고 막막하다. 정을 나누고자 타인에게 마음을 열면 경쟁사회에서 패배할지 모른다는 두려움이 들이닥친다.

예전에 시골사람들은 서울사람을 깍쟁이라고 불렀다. 시골사람들은 서울사람을 인색하고 이기적이라고 느꼈는데, 오늘날 깍쟁이가 아닌 사람을 찾기 어렵다. 깍쟁이가 되고 싶지 않다고 해서 마음대로 쉽게 되는 상황이 아니다. 눈뜨고 코 베이는 곳이 서울이다. 서울생활을 견뎌내려면 깍쟁이가 되지 않을 방법이 없다. 서울깍쟁이는 타고난 기질이나 성격이라기보다는 서울특별시의 특산물이다. 한국의 도시들이 서울을 모방하면서 따라하듯 도시인들은 서울 사람들처럼 깍쟁이가 된다.

세상의 경쟁에서 승리하든 패배하든 우리들은 깍쟁이가 되어 홀로 있다.

고향이 없는

경쟁은 사람과 사람끼리도 하고, 국가와 국가끼리도 하며, 한 나라

안에서 지역끼리도 한다. 미국 동북부 양키에 대한 남부사람들의 거부감은 널리 알려졌고, 일본 관서지방과 관동지방의 해묵은 대립도 유명하며, 중국의 북방계와 남방계는 숙적관계이다.

한반도에서도 예로부터 이북지역에 대한 차별이 횡행했다. 군사독재시절엔 전라도에 대한 차별이 있었다. 요즘은 과거의 차별이 좀 부질없어졌다. 서울이 다른 모든 지역을 차별한다. 서울이 아닌 지역은 그저 지방일 뿐이다. 정치·경제·문화·예술 모든 것이 수도권에 집중되어 있다. 친구와 연인과 직장을 구하기 위해서라도 서울로 올 수밖에 없다. 수도권이 수챗구멍처럼 사람들을 흡입했고, 지방에 사는 사람은 지방흡입수술을 받아야 하는 사람처럼 수치심을 갖게 됐다.

20대까지 쭉 서울에서만 산데다 전라도와 경상도를 가본 적이 없어서 두 지역의 사투리를 구분하지 못했고, 구분하려고도 하지 않았다. 별로 들어본 일이 없는데다 알아야 하는 사안이 아니었기 때문이었다. 다들 지방사투리를 고치려고 노력하는데 굳이 지방사투리를 알 이유가 없었다. 모든 것이 서울로 몰린 한국사회에서 서울사투리를 구사하는 것이 특권인 줄도 모른 채 서울말만 사용하며 살았다.

아주 짧은 시간 안에 다수의 사람들이 도시로 이주하다 보니 기성세대의 상당수는 아직도 마음의 뿌리를 시골에 두고 있다. 그들은 그리움을 품고 살다가 명절이면 고향으로 이동한다. 반면에 도시에서 태어난 요즘 세대들은 그리워할 장소가 없다. 부모의 고향은 부모의 추억이 깃든 곳일 뿐이다.

고향에 대한 그리움이란 거리감에서 발생한다. 어릴 때 살던 곳의 특색에 적응했다가 다른 곳으로 이주하면 이질감이 생성된다. 자신이 어릴 적에 살던 장소는 원초적 기억으로 남아 있다. 원초적 기억과 현재 사는 곳의 차이에서 향수가 발생한다. 또한 어린 시절의 나와 지금의 나 사이엔 거리감이 있다. 이 거리감에서 생겨난 복잡 미묘한 마음이 고향에 대한 향수에 더해진다.

반면 요즘 젊은이들은 도시에서 태어나 평생 도시에서 산다. 이동하지 않았으므로 거리감이 없고, 이사를 가더라도 예전에 살던 곳과 그리 다르지 않은 도시이다. 그러다 보니 도시의 젊은이들은 고향에 대한 그리움이 없다. 다만 이국에 대한 호기심이 있을 뿐이다. 지금이야 코로나19로 해외여행에 제약이 있지만, 얼마 전까지만 해도 연휴기간이면 해외로 나가는 인파로 인천공항이 북새통을 이뤘다.

도시의 젊은이들은 시골에 내려가는 일 자체가 내키지 않는다. 시골에선 쾌적한 만남이 이뤄지지 않는다. 스스로도 답답한 불투명한 미래에 관해 한마디씩 하는 것도 불편하다. 잘 알지도 못하는 친척들을 만날 때마다 젊은이는 심문당하는 처지가 된다. 고향에 돌아온 탕자처럼 친족의 설교를 들어야 하니 명절 자체를 기피한다. 한 번 시골에 갔다 오면 도시에서 살아야겠다는 다짐이 더더욱 굳어진다.

하지만 도시로 돌아와서도 답답함은 가시지 않는다. 어디에도 마음 붙이기가 쉽지 않다. 이전 세대들은 가끔 고향에 내려가면 눈물겨운 위안을 받는다. 고향은 어린 시절의 풍경을 고즈넉하니 간직하고 있고, 고향산천을 거닐다보면 기억이 새록새록 떠오른다. 이와 달리 도시에서는 어릴 때 살던 지역을 찾아가도 인공구조물에서 마음의 온기를 느끼기란 어려운 일이다. 더구나 이미 재개발되어 과거의 흔적이 깡그리 사라졌을 확률이 높다. 대도시는 끝없이 자신을 뜯어고쳐나간다. 좀처럼 서울에 정이 들지 않는 이유이다.

도서관 강연이 있어서 어릴 때 살던 동네에 오랜만에 갔다. 재개발공사로 폐쇄되어 있었다. 이미 재개발된 곳은 집값이 천정부지로 뛰었다. 어릴 때 살던 그 동네에서 다시 살 가능성은 소멸했다. 로또에 당첨되더라도 그 동네의 집을 살 수 없다.

멍하니 재개발공사현장을 바라보다가 쓸쓸하게 발길을 돌렸다. 이곳이 서울이다.

빠르고, 쾌적하고, 서늘하며, 지적이고, 예의바르고, 둔감하며, 뚱한

어릴 적 동네가 재개발되어 없어졌다는 걸 오래 생각하지는 않았다. 그럴 여유가 없었다. 도시의 생활은 빠르게 그리고 빠듯하게 돌아간다.

현대인은 아침 일찍 집에서 나와 밤에 귀가하기까지 정신없다. 예컨대, 직장인의 일상은 이러하다. 출근하고, 회의하고, 점심으로 뭘 먹을지 고민하고, 발표하고, 상사에게 깨지고, 사직서를 쓰지만 차마 제출하지는 못하고, 기획서를 수정하고, 야근하고, 차질이 생긴 일을 수습하고, 치질이 생긴 건 아닌지 우려하고, 출장을 가고, 연봉협상을 하고, 승진평가를 앞두고 초조해하고, 인사발표에 수군거리고, 동료들과 술을 마시고, 이직하고자 두리번거리고, 회사에 대한 충성심이 괜히 생기고, 월요일 아침이 오는 게 두려워지고, 일요일 오후면 시간이 멈춰지길 기도하고, 밤늦게 집에 돌아와 쓰러져 자고, 상사가 꿈에 나와 오밤중에 잠에서 깬다.

외로움을 느낄 새가 없어서 더욱 외로운 일상이다. 쳇바퀴 같은 하루하루를 보내다보면 어느새 늙어버린 자신을 발견한다. 열심히 살았는데 남은 건 지독한 고독과 흐리멍덩한 눈빛뿐이다.

물론 격무와 피로 덕분에 도시생활을 영위할 돈을 번다. 도시생활의 안락함을 누리려면 고단한 일상을 견뎌야 한다. 애달프며 고달픈 생활을 버티지 못하면 금세 다른 사람이 치고 들어온다. 사람이 차고 넘치므로 언제 대체될지 모른다.

우리 자신이 상품처럼 취급되는 세태에 환멸이 일어나더라도 도시를 떠나지 못한다. 도시가 워낙 편리하기 때문이다. 도시에서는 거래가 원활하게 이뤄진다. 돈을 통해 상품을 사고팔듯 우리는 서로에게 용역을 제공한다. 서로에게 별 관심이 없어도 돈을 매개로 서로의 필요를 빠르게 채워주기 때문에 도시는 번성한다.

도시의 거래는 빠르고 서늘하게 이뤄진다. 도시인은 거래할 때 타인과 끈적끈적한 상황을 원치 않는다. 곳곳에 자리한 편의점의 뜻처럼 돈과 물건이 신속히 교환되면 그것으로 족하다. 전통시장에서 상인과 이야기를 주고받으면서 단골이 되는 과정이 요즘 젊은이들에겐 어색하다. 곳곳의 전통시장이 위기를 맞았던 건 단지 신용카드를 받지 않으려 했거나 좀 지저분했기 때문만은 아닐 것이다. 현대 도시의 인간관계 방식이 전통시장의 정서와 맞지 않아서다.

시장에서뿐만이 아니다. 관계의 서늘함은 도시의 특징이다. 도시에서는 이사와 이직이 잦다. 지금은 옆에 있더라도 언제 이별할지 모른다. 지금은 수많은 사람들과 함께 지내도 이 가운데 평생 볼 사람은 얼마 없다. 전학이 예정되어 있어서 급우들에게 애착 없이 등교하는 아이처럼 우리는 이웃과 동료를 대한다.

겉으론 웃고 있어도 속으론 거리를 둘 수밖에 없는 도시환경이다. 우리의 마음속엔 타인이 바짝 붙지 않도록 마음의 장벽이 단단히 세워져 있다. 사생활, 나만의 걱정, 비밀을 공유해야 한다면 참을 수 없는 도시인이 있을 거라고 사회학자 어빙 고프먼(Erving Goffman)은 말한다. 우리는 끈적거리는 인간관계를 원치 않기에 마음의 장벽을 세우고 거리를 조절하면서 관계의 쾌적함을 유지한다.

마음 속 장벽은 타인이 싫어서 설치된 방책이라기보다는 자신을 보호하려는 자구책이다. 변화무쌍한 도시에서의 일상은 노곤함의 연속이다. 사회 흐름에 적응하기도 바쁘다. 인간관계의 부담은 버겁기 그지없다. 타인의 일에 세심하게 신경 쓸 여력이 없다. 미시사회학을 개척한 게오르크 지멜(Georg Simmel)은 급속하게 바뀌는 자극을 끊임없이 받기 때문에 대도시인이 신경과민의 심리를 지니게 된다고 분석했다. 이렇게 신경과민 상태로는 제대로 살 수 없어서 외부자극에 감정으로 반응하기보다는 지적으로 반응하면서 자신을 보호한다.

지멜의 통찰처럼 도시엔 너무 자극이 많고, 우리는 몹시 지쳐 있다. 우리는 마음의 벽을 세우고, 둔감해진다. 나이가 들수록 사람들에게 거리감을 갖는 게 당연해지고, 타인에 대한 관심과 애정도 둔해진다. 도시 인구를 헤아리면 모든 구성원과 친하게 지내는 건 애초에 가능하지 않다. 우연하게 누군가를 만나 사랑을 시작하는 일이 영화에서는 자주 벌어지지만, 현실에서는 아무리 돌아다녀도 일어나지 않는다. 도시에선 스치듯 지나간 사람들이 너무 많아 자기 곁을 지나간 누군가를 기억한다는 건 불가능한 일이다. 도시에서는 일단 뚱하게 반응하고, 도시인은 외로움 속에서 점점 뚱뚱해진다.

생과 사에 지대한 관심을 갖고 인간 근원의 감정을 형상화한 노르웨이의 화가 에드바르 뭉크(Edvard Munch)는 현대인의 고통을 〈절규〉(1893년)에 담아냈다. 이 그림은 너무나 유명해서 더 보탤 설명도 없는데, 그동안 간과되어온 게 하나 있다. 바로 절규하는 주인공 뒤쪽으로 두 사람이 있다는 사실이다. 이 두 사람은 작품 속 주인공의 절규를 듣지 못하거나 안 들으려는 것처럼 보인다. 도시는 그러한 곳이다. 누군가가 울부짖지만 아무도 듣지 않는다.

홀로 울음이 터져 나오던 밤이 있었다. 두 뺨으로 흘러내리던 눈물을 속절없이 닦으면서 할 수 있는 것이라곤 화장실에 들어가 어금니를 꽉 깨무는 방법밖에 없었다. 음식을 꼭꼭 씹어 먹느라 하관이 발달한 줄 알았는데, 외로움을 잘근잘근 씹느라 턱이 우람해졌다. 갸름한 브이라인은 영영 이룰 수 없는 꿈이 되어버렸다.

가면 뒤에 가면 뒤에 가면

타인의 울음을 아무도 듣지 않는 곳에서 최선의 처신은 행복한 가면을 쓴 뒤 가면이 벗겨지지 않도록 안간힘을 쓰는 것이다.

현대 도시의 풍경은 가면무도회이다. 모두 가면을 쓰고 춤을 춘다. 굳이 속마음을 타인에게 드러낼 이유도, 필요도 느끼지 못한다. 괜히 잘 알지 못하는 상황에서 맨얼굴을 보였다가는 꼬투리 잡힐 위험도 있다. 나중에 친해지고 난 뒤에 가면을 벗을 수 있지만, 가면 뒤에 민낯이 있으리란 보장이 없다. 영화 〈변검〉처럼 가면 뒤에 가면을 쓰고 있다.

가면은 현대사회에서 필수이다. 감정노동하면서 웃어야만 한다. 미국의 사회학자 앨리 러셀 혹실드(Arlie Russell Hochschild)는 자신의 대표작 『감정노동』을 통해 새롭게 확산된 노동형태를 널리 알렸다. 우리들은 접대하는 사람에게 만족감이나 편안함 같은 특정한 감정이 일어나도록 자기감정을 위장해서 연출한다.

이러한 감정노동은 미국에서 가장 심화되어 나타난다. 자신의 책 『시뮬라시옹』이 영화 〈매트릭스〉에 등장하는 프랑스의 사회학자 장 보드리야르(Jean Baudrillard)는 미국을 여행하면서 온갖 문제를 맞닥뜨리고는 기록한다. 경찰차와 구급차가 밤낮으로 경보음을 울리며 지나가고, 저급한 광고가 길거리에 넘실대며, 사람들이 홀로 하루를 보낸 뒤 가공식품으로 끼니를 때우고, 총기사고가 쉴 새 없이 일어나며, 성매매가 뒷골목부터 최고급 호텔에서까지 버젓이 벌어진다. 그런데 미국인들은 웃고 있다. 장 보드리야르는 고독에 허덕이면서도 행복한 척하는 미국인들을 보며 소스라치고는 『아메리카』를 출간한다. 미국인들은 웃음의 가면을 쓴 채 처연하게 춤추고 있는데, 전 세계가 미국과 비슷해지고 있다.

외롭거나 기분이 처지는 날이면 미국인처럼 백화점이나 대형매장에 간다. 꼭 그 상품이 필요하지 않더라도 돈을 써서 구매한다. 종업원이 생글생글한 표정으로 기분을 띄워준다. 여기저기서 '고객님 사랑한다'는 소리와 함께 웃음이 쏟아진다. 외로움이 가시는 기분이 든다. 소비는 항우울제다. 그러나 약효가 오래 가지는 않는다.

돈이 있으면 가면무도회가 떠들썩하게 펼쳐진다. 고독하지 않기 위해서라도 돈을 악착같이 모아야 한다. 소비를 통해서 외로움과 싸워야 하는 현대사회에서 빈궁이란, 무기 없이 전장으로 내몰리는 꼴이다.

도시인은 서로에게 가격을 매긴다. 무의식중에 상대를 통해 얻을 수 있는 이익을 계산한다. 평소에 친절이라는 가면을 쓰고 있더라도 딱히 이익이 안 되는 사람 앞에선 냉담한 가면을 쓴다. 누군가 웃고 있지만, 그 웃음은 우리의 지갑을 향해 있다. 돈이 없으면 다정함은 곧장 소멸된다.

지갑이 홀쭉한데다 상품성이 썩 좋지 않으니 세상에서 환대를 받기보다는 박대를 받아왔다. 속으론 눈물이 차올랐어도 웃는 가면을 쓰고는 괜찮은 상품인 척했다. 아무도 찾지 않는 것보다 그래도 어떻게든 팔리는 게 나으니까. 아무도 거들떠보지 않는 상품이 되기보다는 눈물을 꾹 참고 왕창 할인해서라도 팔리는 떨이상품이라도 되는 게 나으니까.

∞

현대사회는 모든 것을 상품으로 취급한다. 땅이나 집이나 물뿐만 아니라 노동력도 사고파는 상품이다. 사람이야말로 상품이다. 사람은 끝없이 측정되고 매매된다.

돈만 있으면 필요로 하는 사람을 얼마든지 구할 수 있다. 여행을 안내해주는 길잡이가 있고, 애인 역할해주는 사람도 있으며, 논문을 대신 써주는 사람도 있다. 결혼식 하객이나 주례선생도 고용할 수 있다.

돈만 있으면 안 되는 게 없는 세상이다. 중매를 전문으로 해주는 업계가 활황이고, 공부방법과 대학입시를 지도해주는 업체도 부상한다. 언론은 홍보기사도 써준다. 흥신소에서는 배우자의 사생활을 조사해주고, 암흑가의 청부업자는 폭력마저 대행해준다. 성매매도 은밀하게 호황을 이루고, 장기마저 거래된다.

돈은 물건의 가치를 측정하고, 거래를 원활하게 매개하며, 부를 쌓을 수 있게 한다. 돈을 통해 인간세상은 풍족해졌다. 돈은 반짝이면서 세상을 환하게 밝혔고, 인류문명을 개선시켰다.

그러니 돈은 자신의 눈부심만큼 어두운 그늘을 드리웠다. 인간을 위해 돈이 있는 게 아니라 돈이 인간을 지배하는 현상이 발생하고 있다. 산업현장에서 수많은 사람들이 죽어도 안전설비에 들이는 비용보다 배상금이 더 싸므로, 오늘도 사람들이 일하다 죽는다.

돈은 인간 사이의 거래를 원활하게 돕는 매개인데, 인간 사이를 멀어지게 만들기도 한다. 돈 때문에 싸우거나 마음상하는 경우가 도시의 미세먼지처럼 끊임없이 생겨난다.

더구나 돈은 인간성을 약화시키는 원인이 되기도 한다. 돈을 내면 사람들이 어련히 맞춰주니, 돈 있는 사람은 감정 조절할 이유가 없다. 갑부들이 갑질하는 이유이다. 더 큰 문제는 그들이 자신에게 문제가 있다는 인식조차 하지 못한다는 점이다.

돈이 많으면 타인과 상호작용할 필요가 줄어든다. 돈을 통해 고용된 사람들은 진정으로 떨림을 선사하는 타인이 아니다. 요구대로 행동하는 기계나 다름없다. 자신과 속내를 나누는 사람이 사라진다는 건 인생이 외로워진다는 의미이다.

부자에게 쏟아지는 호의는 알고 보면 돈의 마성 덕분이다. 부자는 자신이 소유한 액수 때문에 선망의 대상이 된다. 현대사회는 돈에 대한 숭배가 지대해 돈을 어떻게 벌었느냐보다 돈이 많다는 사실 자체를 중요하게 여긴다. 부자는 돈과 구분되지 않는다. 액수가 곧 자신이 된다. 부자들은 타인의 호의가 과연 자신을 향한 것인지 돈을 향한 것인지 변별할 수 없다. 부자는 돈이 떨어지면 자신은 아무것도 아니라는 불안감에 시달린다. 돈이 몰리는 곳이면 어김없이 정신과상담소가 생겨난다.

부자뿐 아니라 모든 사람들의 심리가 변했다. 우리는 타인과 가깝게 지내길 원하면서도 누군가와 소소하게 시간을 보내는 게 편치 않다. 그럴 시간에 한 푼이라도 더 벌어야 할 것만 같고, 그냥 편한 사람보다는 이익이 되는 사람을 만나야 할 것만 같다. 이익이 되는 사람들로 주위를 채우고, 우리는 세련되게 싸늘해져간다. 부자든 가난한 사람이든 중산층이든 노동계층이든, 모두가 돈에 사로잡혀 있다. 나부터가 그렇다. 돈이 입금되었다는 사실을 확인할 때 즐겁다. 이왕이면 목돈을 들여 개조된 널찍하고 깨끗한 화장실에서 홀쩍이고 싶다.

사람들이 행복한 표정의 가면을 쓰고는 헤매고 있다. 두 손엔 꽤 큰돈을 쥐고 있는데 행복한 가면 뒤에선 눈물이 외로이 흐르고 있다. 가면을 벗고 언젠가 서로의 맨얼굴을 마주보길 희망하지만 그 언젠가는 영영 안 올지도 모른다.

오늘 외로우면 내일도 외로울 것이다

많은 도시인들이 코로나19에다 경제사정의 악화로 인간관계를 포기한 채 살아간다. 가족 사이가 오붓하다면 외로움이 덜하겠지만 가족관계가 평온한 경우는 흔치 않은데다 1인가구가 대세다. 사람들을 만나는 일 자체가 여유이자 능력이 된 상황이다.

우리는 성공하고 안정이 생기면 사람들이 자기 곁에 있으리라는 믿음으로 고독을 감내한다. 하지만 현재의 고독은 절박한 문제이다. 당면한 외로움은 심각한 고통을 당장 일으킨다. 미래가 불안한 까닭도 고독에 대한 두려움 때문이다. 성공하지 못하고 정규직이 아니면 사람들이 외면해서 외로워지라는 두려움이 우리를 지배하고 있다.

성공하면 인생이 달라지리란 기대가 우리를 분발시키기는 한다. 그 덕에 인내하고 노력해서 성취를 얻는다. 그런데 성공해서 명예와 권력과 재화를 가지면 외로움이 줄어들 거란 기대는 깨지기 십상이다. 성공해서 고독이 사라진다면 실패한 사람들만 고독해야 할 텐데, 성공한 사람들도 외로워한다.

그 누구도 이 세상을 떠날 때 사랑하는 사람들이 곁에 있으리라고 장담하지 못한다. 자신이 죽어갈 때 돌봐주는 사람이 아무도 없을 거라는 예감은 섬뜩하다. 사람들이 권력을 갖고 돈을 많이 벌고 유명해지고 싶어 하는 까닭도 그래야 타인들이 곁에 있어주기 때문이다. 그렇지만 정승집 개가 죽으면 조문객으로 문전성시를 이뤄도 정승이 죽으면 개 한 마리도 얼씬거리지 않는다.

홀로 버려진다는 공포가 삶의 언저리에 깔려 있다. 이러한 공포는 결코 돈과 권력으로 잠재울 수 없는데, 우리는 어리석게도 공포가 실현되는 사회를 만들고 있다. 자살 그리고 고독사 소식이 날마다 들려온다.

우리는 미래의 고독을 두려워하면서 정작 고독 속에 자신을 방치한다. 외로움은 그동안 맺어온 인간관계방식의 결과이다. 인간관계방식은 가치관과 태도와 욕망의 산물이므로 쉽게 달라지지 않는다. 경제형편이나 코로나19를 핑계 삼아 인간관계에 신경을 쓰지 못하면, 훗날 사정이 나아지더라도 인간관계는 지금과 대동소이할 것이다. 현재 외로우면 미래에도 외로울 것이다.

미래에도 외롭다고 하니 좀 암울해진다. 그런데 나만 외롭지 않다. 남들도 다 외롭다. 우리 모두가 외로운 걸 보면, 외로움을 자기 탓으로만 돌릴 까닭은 없다. 사회변화나 시대의 흐름 때문에 외로움이 발생했다고 볼 수 있다.

물론 외부 탓만 하는 건 자신에 대한 면죄부를 스스로 발급하는 어리석음일 때가 있다. 가혹하게 자책하는 것도 어리석은 일이지만, 자기 자신의 문제를 직면하지 않고 사회구조만 탓하는 태도 역시 어리석기는 마찬가지이다.

왜 고독한 상황에 놓이게 된 것인지 궁금증을 갖고 변화의 실마리를 찾으려 한다. 그저 외로워만 하지 말고 외로움의 원인을 찾아 나서면 외로움에서 벗어날 가능성이 생기니까.

그대도 같이 찾아보자. 물론 이번 제안 역시 거절해도, 괜찮다. 소소한 화장실이 곁에 확실하게 있으니까.

02

거기, 고독한 당신

고독은 고통

영화 〈중경삼림〉에서 남주인공 금성무는 실연을 겪은 뒤 달린다. 계속 뛰어 몸속의 수분을 땀으로 다 빼내면 더 이상 눈물이 나지 않을 거라고 믿기 때문이다. 이별하고 한 달이 지난 자신의 생일날 새벽 6시, 남주인공은 아픈 가슴을 부여잡고 눈물을 꾹 참은 채 장대비를 온몸으로 맞으며 뛰고 또 뛴다. 장대비는 주인공의 눈물처럼 느껴진다.

외로울 때면 금성무처럼 달리고 달렸다. 고독의 장대비를 맞으며 마음은 조금씩 자라났고, 심장도 덩달아 커졌다. 군복무를 앞두고 단체로 신체검사를 했는데 심장이 지나치게 크다는 결과가 나왔다. 혼자 의정부에 있는 군병원에 가서 재검사를 받았다. 재검사 결과 민간병원에 가서 정밀진단을 받아야 했다. 심장에 문제가 있는 거 아닌가 하는 걱정과 아울러 군대를 안 가도 되는 거 아닌가 하는 묘한 기대에 휩싸인 채 정밀측정을 했는데, 아무런 문제가 없다는 결과가 나왔다. 고독할 때마다 달음박질쳐서 심장이 커졌을 뿐 군 생활하는 데 지장은 없다는 것이다. 큰 심장은 군대에서 도움이 되었다. 군대는 고독한 곳이었고, 겨울이든 여름이든 아침마다 웃통을 벗고 단체로 뛰어야 했다.

뛰는 건 어려운 일이 아니다. 도착지점은 확실하고 한참 줄달음 치다보면 도착지점에서 숨을 고를 수 있다. 반면에 고독은 영영 지속된다. 외로움을 가만히 체험하는 게 싫어서 외로울 때면 뛰고 또 뛴다. 외로움으로부터 달아날 수 있는 것처럼.

나이가 젊을 때에는 외로움에 어찌할 바를 몰라 당황하는데, 나이가 든다고 외로움을 거뜬히 견딜 수 있는 건 아니다. 도리어 세월의 더께가 쌓이고 인간관계의 상흔이 더해지면서 외로움에 더 취약해진다. 시인 고정희는 사십대 들녘에 들어서서 땅 바닥에 퉤 뱉는 침마저도 외로움이라고 썼다. 아, 외로움으로 입안이 가득하다. 아무리 뱉어도 계속 생긴다.

『사랑과 열병의 화학적 근원』을 출간한 시인 박정대는 〈되돌릴 수 없는 것들〉이란 시에서 자신의 쓸쓸함에 기원이 없다며 말문을 연다. 기원이 없다고 말하지만 시 속 화자의 쓸쓸함엔 기원이 있는 것 같다. 사랑하는 사람과의 되돌릴 수 없는 이별 말이다. 시 속 화자는 적막하고 적막해서 아득한 시간을 밟고 가는 그대의 가녀린 그림자를 본다고 읊조린다. 저녁의 생각 속에 사랑이 없다고 탄식한 화자는 기원도 없이 쓸쓸하다고 거듭 이야기한다. 하지만 화자는 부정을 통해 쓸쓸함의 기원을 에둘러 일러준다.

살다 보면 이별이 늘어만 간다. 애인과 헤어지고, 친구와 멀어지며, 존경하던 사람이 은퇴하고, 가족이 세상을 떠나며, 멋졌던 사람이 몰락하는 걸 목격한다. 이별을 자주 겪다보면 첫 이별만큼 충격받지는 않으나, 그렇다고 아프지 않은 건 아니다. 이별이라는 벼락이 치면 이내 외로움이라는 비가 쏟아진다.

외로운 날이면 마음속으로 소나기가 내린다. 처음엔 가랑비처럼 내리다가 어느새 장대비가 되어 도저히 눈을 뜰 수가 없다. 외로움이 고였다가 홍수가 일어나기라도 하면, 삶의 모든 의미가 떠내려간다.

때때로 외로움은 신선한 자극이거나 황홀한 고통이 되지만 인간에겐 견딜 수 있는 한계치가 있다. 연륜 덕분에 외롭지 않은 척 능숙하게 연기할 수 있더라도 한 해 한 해 외로움을 견딘 양이 누적되어 임계점을 넘어서면, 인생이 무너진다.

〈중경삼림〉의 금성무처럼, 아니 금성에서 자란 무처럼 장대비를 하염없이 맞으면서 고독을 견뎠다. 고독의 장대비도 괴로웠고, 금성무가 아니라 금성에서 자란 무라는 사실도 괴로웠다.

더 말할 것도 없이 곧바로 고통

왜 고독의 빗줄기를 맞으면 시원하기보다는 고통스러울까? 때때로 혼자 있으면 자유롭고 좋은데, 그 기간이 하염없이 늘어나면 왜 괴로울까? 그 까닭은 우리가 인간이기 때문이다. 대자연은 혼자인 인간을 괴롭도록 만들었다.

고독이 왜 고통스러운지는 인류사를 살피면 확연하게 드러난다. 인간은 무리지어 사냥했고 채집했고 농사지었고 전쟁했고 축제를 벌였다. 혼자서 보내는 시간은 거의 없었으며, 혼자 해결해야 하는 일도 별로 없었다. 태어나서 죽을 때까지 모든 상황을 타인과 함께 했다. 원시부족사회에서 혼자가 된다는 건 사형선고나 다름없었다. 타인으로부터 떨어진다는 건 죽음에 가까워진다는 뜻이었다.

기나긴 시간을 타인과 어울려 생존한 인류의 후손답게 우리의 몸과 마음은 집단생활에 맞춰져 있다. 혼자가 되지 않으려는 본능이 탑재되어 있고, 집단에서 잘려나가는 건 손목이 잘려나가는 일만큼이나 생존의 위협으로 느낀다. 따돌림 당하면 극도의 고통이 발생하는 이유이다.

고독이 곧바로 고통이 된다는 연구결과도 많이 나와 있다. 예컨대 한 실험에서는 세 사람이 공을 주고받다가 두 사람만 공을 주고받았다. 그러자 공을 못 받은 사람의 뇌에서 대뜸 고통의 뇌파가 출현했다. 고작해야 공을 받지 못했을 뿐인데 말이다. 또 다른 실험에선 가상공간에서 아바타끼리 공을 주고받았다. 세 아바타가 서로 공을 주고받다가 갑자기 두 아바타만 공을 주고받았다. 그러자 소외된 아바타를 조종하던 사람의 뇌에서 고통의 뇌파가 출현했다. 가상공간 속 아바타의 공놀이일 뿐인데 말이다.

언제 어디서건 고독하면 곧장 고통이 발생한다. 이건 지금 위험한 상태이니 고독에서 벗어나라는 경고이다. 인간의 마음 안에는 저울이 있는 셈이다. 마음 속 저울은 사랑의 양을 측정하고, 사랑의 양이 줄어들면 침울해진다. 홀로 있는 시간이 길어지면 마음 속 저울이 저조한 숫자를 가리키면서 경고음을 낸다. 귀를 닫고 버티더라도 견디기 버거워진다.

일상에 타인이 없으면 처음엔 편하더라도 후련한 기분은 오래가지 않는다. 고독이 만성화되면 마음이 불안해지고, 자존감이 낮아지며, 세상에 대한 적대감이 치솟고, 좀처럼 편안하게 잠들지 못한다.

지난날을 되돌아봤을 때 힘겨운 시절은 그저 인생이 잘 풀리지 않았기 때문만은 아니었다. 외로웠기 때문에 고통스러웠다. 시련이 들이닥쳐도 혼자가 아닐 때는 고통에 쓰러지지 않았다. 누군가가 곁에 있으면 힘이 났고, 고통을 나눌 수 있었다. 고통에다 고독이 더해질 때 무너졌다. 오랫동안 혼자서 지낸다는 건 자신에게 벌을 가하면서 스스로를 궁지로 몰아넣는 꼴이다.

∞

혼자가 된다는 것이 얼마나 고통스러운지 교도소의 독방은 똑똑히 알려준다. 전 세계 대다수 국가에서 고문이 금지되어 있어서 수감자에게 가할 수 있는 가장 심한 처벌은 독방에 넣는 일이다.

미국의 한 죄수는 창문도 없는 감방에서 거의 25년을 보냈는데, "계속 이어지는 소리 없는 비명"이었다고 독방생활을 이야기했다.

몇 년 동안 격리된 다른 죄수는 독방감금을 "혼자 독차지한 지옥"이라고 비유했다. 미국 대통령 선거에 공화당후보로 나왔던 존 매케인(John McCain)은 전쟁포로였다. 그는 5년 넘게 잡혀 있는 가운데 2년을 혼자 격리된 상태로 보냈다. 격리되자 즉각 절망이 시작되었고 영혼이 으스러졌다고 존 매케인은 회고했다.

한 죄수는 독방에서 14년 가까이 보내다가 정신이상증세가 생기기 시작하자 오히려 기뻐했다. 드디어 고독이라는 감옥에서 석방될 것 같았기 때문이었다. 독방에 갇히고 10일이 지나면 정신이상 징후가 뚜렷하게 발생한다. 미국에서 진행한 한 연구에 따르면, 독방에 장기간 갇혀 있던 수감자 가운데 3분의 1은 결국 정신병을 얻게 되는데, 그 숫자가 미국에서만 최소 8만 명이다.

UN은 사람을 타인으로부터 15일 넘게 격리시키는 건 비인간적인 처벌이라고 공식입장을 내놓았다. 하지만 여전히 UN은 별 힘이 없고, 각 국가의 교도소에선 사람을 실질적으로 교정하는 방법을 강구하기보다는 징벌하고자 독방에 가둔다.

독방의 수감자처럼 우리들도 코로나19 때문에 각자의 방에서 사회적 거리두기를 한 채 견디고 있다. 코로나19 전에도 홀로 있는 사람들이 많았다. 보이지 않더라도 삭막한 벽과 차가운 쇠창살이 현대인 주변에 세워져 있고, 수많은 사람들이 보이지 않는 감옥 안에서 고통을 겪고 있다.

혼자 오래 있으면 사람의 몸과 마음엔 여러 문제가 발생한다. 병에 쉽게 걸리고, 건강을 해친다. 고독은 수명을 깎아먹기까지 한다.

한 심리학자는 148건의 연구 자료를 모아 외로움이 전 세계 30만 8천 명에게 미친 영향을 종합했다. 혼자 사는지, 친구는 많은지, 사회활동은 어느 정도로 하고 인간관계는 어떠한지를 측정한 뒤 몇 십 년에 걸쳐 사망률을 조사했다. 결과는 더 말할 것도 없었다. 인간관계가 단절된 사람일수록 사망률이 높았다. 성별이 어떠한지, 건강상태가 어떠했는지, 세계 어느 지역에 사는지는 크게 문제되지 않았다. 오로지 타인과 거리가 생겨 고립감을 느낄 때 사망위험은 치솟았다.

또 다른 심리학자 두 명은 애인과 이별하거나 친구에게 절교당하거나 모임에서 자신만 쏙 빼놓고 자기들끼리 친분을 다지고 있다는 사실을 알았을 때 어떤 일이 생기는지 연구했다. 고독에 휩싸이면 40분 안에 DNA에서 변화가 생겼고, 면역체계가 과도하게 가동되면서 염증반응이 활성화됐다. 따지고 보면 나름의 합당한 이유가 있는 반응이다. 먼 옛날에 혼자가 된 사람은 부상을 입어도 돌봄을 받을 수 없으니 신체손상에 따른 죽음의 위험이 높았다. 염증을 유발하는 반응을 미리 활성화시키면 부상을 당해도 치료가 잘 된다. 단지 혼자라는 이유만으로 염증반응을 활성화시키는 건 건강에 해롭지만, 건강을 조금 해치더라도 생존하는 게 급선무이다. 우리의 신체는 고독을 느끼면 긴급사태를 선언하고는 미래의 생명을 미리 당겨와 써버린다. 사람들에게 거절당한 사람, 혼자가 된 사람은 자동으로 신체상태가 변한다. 육체는 타인에게 크나큰 영향을 받고, 현재의 인간관계에 따라 정교하게 달라진다.

외로움의 해로움은 이뿐만이 아니다. 혈압이 상승하고 콜레스테롤 수치가 올라가면서 심혈관계의 기능을 악화시킨다. 게다가 스트레스 호르몬이 늘어나 면역계에 해를 가한다. 심지어 주의력과 집중력이 저하되어 의사결정 능력도 떨어진다. 외로운 노인은 판단력에 결함이 생기고, 치매처럼 지력이 손상되는 질환에 걸리기 쉽다. 한마디로 고독이란 매와 비슷하다. 매에 장사가 없다. 어쩌면 고독사란 오랫동안 외로움에 맞아 죽는 것인지도 모른다.

홀로 지내는 일이 계속되면 누군가와 함께하는 감각마저 상실되어간다. 귀인이 다가오더라도 상대를 어떻게 대해야 할지 몰라 인연을 놓치게 된다.

고독에 틀어박혀 타인과 어울리지 못하는 사람에게선 고독의 냄새가 난다. 그렇지만 그는 자신에게서 풍기는 고독의 냄새를 맡지 못한다. 노총각이 자신의 방에 배어 있는 쉰 냄새를 맡지 못하듯. 흡연자가 자신의 몸에 배어 있는 담배냄새를 알지 못하듯.

쓸쓸함에는 기원이 없다

고독과 담배는 유사하다. 사람들과 떨어져 외로움에 시달리는 사람은 날마다 한두 갑의 담배를 피우는 꼴이라는 연구결과도 있다. 외로움은 흡연만큼 심각한 영향을 미치는데, 흡연과 달리 고독의 피해는 알려지지 않았다.

갑작스레 아팠던 적이 있다. 딱히 아파야 할 이유가 없었다. 별

다른 병치레 없이 살아왔기에 몸의 이상증세가 당혹스러웠다. 두터운 이불로 몸을 감싸고 누워 곰곰 생각해보니, 원인을 알 것 같았다. 사람들에게서 떨어져 혼자 오래 있다 보니 탈이 난 것이었다.

고독의 담배를 최소 두 갑씩 피워대던 골초였다. 고독이 담배와 거의 비슷한 악영향을 끼친다는 연구결과는 여러 책에 인용되었고, 자주 마주치다보니 이런 생각이 들었다. 어차피 홀로 외로울 바엔 차라리 사람들과 어울려 담배를 피우는 게 낫지 않을까?

흡연자들은 니코틴에 중독되어 담배를 입에 물게 된다. 그런데 이것만이 흡연의 이유는 아니다. 담배를 태우는 가운데 타인과 어울리는 게 좋아 흡연하는 사람도 적지 않다.

담배를 피우고 싶다는 욕망을 거의 느끼지 않지만 가끔 흡연한 적이 있었다. 누군가 혼자 담배를 피우면 괜히 옆에 가서 같이 피웠다. 그 사람이 외로워 보였으니까.

담배가 산화하면서 발생하는 연기를 폐 속 깊숙이 빨아들이면 해독물질로 말미암아 나른한 어지러움과 멍해지는 이완감이 생겼다. 흡연하면 현재의 감각이 마비되었다. 외로운 불안감이 감퇴했다.

한번은 훈련 중에 임진강을 넘어간 적이 있었다. 군대에 가기 전까지 임진강은 북한에 있는 줄 알았는데 아니었다. 〈국방일보〉에 임진강을 도하하는 사진이 실렸는데, 너무 시커멓게 위장해서 알아보기는 어려웠다. 훈련을 마치고 위장을 지우고는 다들 담배를 피웠다. 한 개비를 얻어서 같이 피웠다. 무척 맛이 좋았다.

계속 긴장한 채 살 수는 없다. 군인이라든지 취업준비를 한다든지 명절을 앞둔 며느리라든지 중요한 결정을 앞두고 끙끙대고 있다든지 일신에 큰 문제가 생겼다든지 할 때 담배의 유혹이 거세진다. 아무리 강한 사람이라도 긴박한 고독 앞에서 흔들린다.

흡연자는 담배가 해롭다는 사실을 모르지 않는다. 그럼에도 일상의 긴장과 고독을 잠깐이나마 누그러뜨리고자 흡연한다. 삶이 외롭고 괴로운 만큼 금연은 어렵다. 삶이 빽빽한 상황에서 이래 죽으나 저래 죽으나 똑같다면 담배를 빽빽 피워대는 게 그나마 힘겨운 일상을 견디는 방법일지 모른다.

삶에 들이닥친 고독을 묵묵히 견뎌내기보다는 지푸라기라도 잡고 싶은 게 인지상정이다. 외로움에 삶이 휘청거리면 사람은 종교에 의지하기 쉽다. 고달픈 인생을 홀론 견디기가 쉽지 않기 때문이다. 마찬가지로 인간은 담배를 피우면서 위로와 안녕을 찾으려 한다. 담배가 주는 야릇한 몽롱함과 매캐한 쾌락이 외로운 가슴을 다독여준다.

담배의 위안을 알게 되자 거리의 흡연자들이 다르게 보였다. 예전엔 타인에게 피해를 주는 몰상식한 작자들이라 여기면서 그저 혀를 끌끌 찼다면 요새는 이들이 자신의 구강이라는 봉수대에서 연기를 피워 올리면서 구조신호를 보내는 것만 같다.

고독은 구타와 같고

흡연자들이 담배연기로 외로움을 표현하고 있다면, 비흡연자들은 다른 방식으로 자신의 외로움을 알린다. 초콜릿이나 과자나 커피도 외로움을 견디는 일종의 진통제이자 외로움을 표현하는 신호수단일 수 있다.

군대에 있을 때 매점을 들락날락하면서 외로움을 표시했는데, 알아차리는 사람은 없었다. 그렇게 '확찐자'가 되면서 온 몸으로 고독을 표출했다. 한 달마다 큰 훈련이 있는 부대였다. 또 다른 훈련을 앞둔 어느 날, 무릎에 통증이 느껴져 대대 안의 의무대에 갔다. 의무관은 무릎을 진찰하더니 무리하지 말라는 말만 해주었다. 그래도 의무병이 무릎에 소염진통제를 발라줘 기분이 좀 좋아졌다.

외로움은 단지 감정이 아니다. 실제로 통증을 유발하고 신체 건강도 망가뜨린다. 일부 사람들은 외로워도 꿋꿋이 버티지만, 대다수 사람들은 외로움에 쓰러진다. 이상하게 몸과 마음이 아파 병원을 찾게 된다.

처음 들어보는 질환이 자꾸 생겨나고 있다. 의료계는 병이라고 하기엔 모호한 구석이 있는 인간의 여러 심리상태를 질환이라고 명명하고는 고치려 든다. 이건 인간의 고통을 치유하려는 선의라기보다는 신규이익을 창출하고자 환자를 생산하는 측면이 있다. 의료계는 사람들이 아파야 수익이 증대된다. 환자가 없으면 병을 만들어서라도 이익을 얻으려 한다. 치료하기 어려운데다 치료 경과도 명확하지 않은 마음은 그야말로 노다지광산이다.

수익 위주로 의료계가 돌아가는 경향에 문제의식을 가져야겠지만, 사람들이 아프다면서 병원을 찾는 현실을 부인할 수는 없다. 겉보기엔 멀쩡한데 속병을 앓고 있는 사람들이 엄청나게 많다. 세상은 물질로 넘쳐나는데 사람의 마음은 넘어졌다. 치솟는 건물 사이로 사람들의 마음은 곤두박질친다.

수많은 사람들이 정신과를 찾고, 상담을 받으며, 우울증 약을 처방받는다. 증상은 불면증부터 무기력증까지 다양한데, 어떤 특별한 문제가 있지 않다는 진단을 받기 일쑤이다. 기분이 저조하고 삶에 의욕이 생기지 않고 왜 살아야 하는지 모르겠다고 사람들은 호소한다. 병명이 뚜렷하지 않은 고통의 원인에는 여러 가지가 있을 텐데, 그 가운데 고독을 빼놓을 수 없다. 정신과의사이자 사회심리학자였던 에리히 프롬은(Erich Fromm)은 현대인들이 다른 사람과 연결이 부족해 정신분열 증상을 앓는다고 진단했다.

미국의 정치학자 로버트 퍼트넘(Robert Putnam)은 유대관계가 파괴되면서 사람들이 고통 받는다고 지적했다. 미국은 동네마다 볼링클럽이 활성화되었고 사람들이 볼링장에 모여 교류했다. 70~80년대 할리우드 영화를 보면 볼링장에서 생일잔치를 하거나 데이트하는 장면이 자주 나온다. 그런데 어느새 볼링마저 혼자 치는 사태가 벌어졌다. 스트라이크를 치더라도 손바닥을 마주칠 사람 없이 홀로 주먹을 불끈 쥐는 상황이다.

지독한 외로움에 사람들의 마음이 찢어진다. 고독은 마음을 너덜너덜하게 만들고, 왜 살아야 하는지 알 수 없게 한다. 자신이 외롭다는 걸 아무도 모르기 때문에 외로움의 고통은 심해진다. 어쩔 수 없이 병원에 간다. 겉보기엔 큰 이상이 없더라도 병원을 찾는 사람들은 외로움에 시달리고 있다는 공통점이 있다. 그들은 의료진에게 진찰받고 대화하는 과정에서 위로받는다.

수녀였다가 환속한 뒤 인간의 정신세계를 깊게 연구한 종교학자 카렌 암스트롱(Karen Armstrong)은 젊은 날에 자살을 시도했다. 어떻게 살아야 할지 도무지 알 수 없는데 아무도 자신의 고통과 고독과 절망과 공포를 알아주지 않아 대량의 수면제를 삼켰다. 다행히 일찍 발견되어 병원으로 옮겨져 살아났다. 병원침대에 누워 긴장의 끈을 놓고 간호사에게 의지하니 마음이 편안해졌다. 정말 원했던 건 죽음이 아니었다. 자살 시도는 결국 도와달라는 호소였다고 카렌 암스트롱은 회고했다.

어떤 누구도 죽고 싶지 않다. 이렇게 살고 싶지 않을 뿐이다. 어쩌면 자살조차도 고통스러운 고독으로부터 벗어나려는 일종의 탈출 시도일지 모른다. 절박한 상황에 지쳐 있는데 외로움이 더해질 때, 인간은 극단의 선택을 하도록 내몰린다.

타인들로부터 떨어져 혼자 있거나 사람들과 같이 있더라도 외롭다는 생각이 사무치면 몸에 문제가 생긴다. 몸과 마음은 함께 맞물려 있다. 신체의 고통과 인간관계의 고통을 처리하는 뇌 부위는 같고, 실제로 몸의 고통과 마음의 고통은 딱히 구별되지 않는다. 애인과 싸우고 난 뒤의 고독감이나 다리를 삐끗해서 걸을 때마다 겪는 통증은 비슷하다. 사람들 보는 앞에서 푸대접받는 일은 뒷골목에서 낯선 사람들에게 두들겨 맞는 일만큼 고통스럽다.

몸과 마음이 맞물려 있기 때문에, 몸의 통증을 줄이고자 진통제를 먹듯 마음의 괴로움이 심할 때 진통제를 먹으면 효과가 있다. 진통제는 통증을 느끼지 못하도록 신경을 차단한다. 고통의 출처가 몸인지 마음인지는 그리 중요한 게 아니다. 몸의 고통이건 마음의 고통이건 생존에 위험요소이기는 마찬가지이다. 고독이 구타만큼이나 치명상이 되는 이유이다.

애덤 스미스의 걱정

몸의 고통과 마음의 고통 둘 다 괴롭지만, 인류사회는 사뭇 다르게 대해왔다. 몸에 부상을 입은 환자는 세상이 적극 돕는다. 의료진이 치료해주고, 통증을 경감시키는 약을 처방받으며, 지인들이 힘을 보태주고, 지역사회나 여러 단체에서 지원하며, 국가정부도 여러 제도를 고안해서 뒷받침한다. 이 모든 도움을 받는다고 육체의 고통을 너끈히 이겨내지는 못하지만 공동체는 구성원이 쉽사리 쓰러지지 않도록 부축해준다.

몸의 고통과 달리 마음의 고통 앞에서 인간세상은 속수무책이다. 어떻게 도와주기가 쉽지 않다. 인간은 타인을 도우려는 본성이 있는데, 이때 시각에 의존하는 경향이 있다. 몸에 상처 난 사람을 보면 일단 지혈을 시키려고 소매를 걷어붙이는데 반해 마음에 상처는 보이지 않는다. 마음에서 피가 흐르고 있다는 사실조차 알기 어려울뿐더러 안다고 해도 어떻게 도와야 할지 막막하다.

외로웠던 지난날이 떠오른다. 누군가가 옆에 있어주기를 간절히

바랐지만 혼자서 아프게 견뎌야 했다. 그때는 누군가를 원망하기도 했는데, 이 책을 쓰면서 원망을 털어냈다. 다른 사람들이 악덕해서 나를 홀로 둔 게 아니었다. 그들은 어떻게 도와야 할지 몰랐을 뿐이었다.

물론 타인의 외로움을 감싸주지 못하는 사람들을 정당화할 순 없다. 그렇지만 주변 사람을 외롭게 하는 이에게 열띠게 삿대질하기보다는 왜 우리가 서로를 외롭게 놔두는지 면밀하게 살피는 일이 더 중요하다. 상대를 비난하면 더 외로워지는 데 반해 외로움의 원인을 살피면 외로움을 줄일 가능성이 생긴다.

인간에 대해 깊이 사색했던 애덤 스미스(Adam Smith)는 모든 사람이 행하는 대로 대접받는 건 자연이 우리에게 명령한 위대한 법칙인 것 같다고 『도덕감정론』에서 시사했다. 그래서 애덤 스미스는 관대하고 자애로운 사람은 응분의 보상을 받아 마땅하지만 인간애를 향해 마음을 열지 않은 사람은 동일한 방식으로 냉대를 받아야 한다고 단언했다. 타인을 보듬지 않는 이기적인 사람은 거대한 사막에서 홀로 사는 것처럼 방치되어야 한다고까지 주장했다. 자신이 타인에게 끼친 해악을 똑같이 되돌려줘야 한다는 얘기이다.

애덤 스미스가 이처럼 모질게 말한 까닭은 외로움이 확산되면 공동체를 파괴하기 때문이다. 애덤 스미스가 살던 시대는 산업화가 일어나면서 도시가 급격히 확장할 때였고, 서로를 보살피지 않는 풍조가 번지고 있었다. 이러한 세태가 염려스러웠던 애덤 스미스는 타인에게 애정과 관심을 두지 않으려는 사람들을 비판하면서 사회의 건강을 지키려 했다.

애덤 스미스의 걱정은 현실이 되어버렸다. 도시는 무지하게 커졌고, 타인을 보듬지 않으려는 사람들이 차고 넘친다. 인구가 너무 많다 보니 꼭 내가 아니더라도 다른 누군가가 인간애를 발휘하리라고 넘겨짚으면서 책임회피하기 쉬운 환경이 되었다.

언젠가 장례식에 갔다가 옛날 친구를 오랜만에 봤다. 몇몇이 모여 담배를 피우는 가운데 그 친구는 자기 전화를 냉담하게 받았던 16년 전 이야기를 꺼냈다. 이 친구에게만 떨떠름하게 대한 건 아니었다. 군인들의 푸념이 썩 듣기 싫은데다 할 게 많다는 핑계로 대충 전화를 받았다. 군인들의 전화를 다른 누군가가 잘 받아주길 바라며 책임을 전가했는데, 다른 사람들도 똑같았다. 고독한 세상을 만드는 가해자는 고독의 피해자가 되는 법이었다. 나중에 군복을 입고 여기저기에 애타게 전화를 걸었지만 신호음만 오랫동안 울렸다.

외로움을 퍼뜨리는 사람에게 고독이라는 조치를 가해야 한다고 애덤 스미스는 목소리를 높였는데, 누군가가 나서서 혼쭐내지 않더라도 '보이지 않는 손'이 작동하고 있다. 타인을 고독하게 방치한 만큼 동일한 방식으로 고독을 당한다.

혼자 웃는, 아니 우는

고독을 겪고 있는 사람은 고통스러운 만큼 얼굴에서 웃음이 사라진다. 활짝 웃는 얼굴을 찾기가 어렵다. 반면에 인상 쓴 사람은 안경

쓴 사람보다 찾기가 더 쉽다. 외로운 시대의 풍경이다.

건강과 웃음은 밀접하게 연관되어 있다. 웃는 얼굴을 하고 있어도 건강한 사람이 아닐 수 있지만, 고통 받고 있는 사람이 웃지 않는 건 확실하다.

외로운 사람의 얼굴근육은 경직되어 있다. 세상 어디에서도 혼자 환하게 웃는 사람은 없다. 있다면 정신에 이상이 있을 확률이 높다. 그런데 현대인들은 혼자서 웃는다. 예능을 보면서 말이다. 함께 웃고 떠드는 것처럼 연출한 예능을 보면 웃음이 생긴다. 그러다 예능이 끝나면 혼자인 현실을 자각하고, 얼굴은 다시 굳는다. 예능을 보며 생겨난 웃음은 쓸쓸한 뒷맛을 남기고 싸하게 사라진다.

그대도 하루에 몇 번 웃는지 세어보라. 별로 웃지 않는다면 혼자 있는 시간이 많다는 뜻이다. 마음이 통하는 사람들과 어울려 있으면 소소한 일에도 웃음이 터진다. 반면에 혼자 있을 땐 어지간히 웃긴 일이 아닌 이상 웃음이 생기지 않는다. 혼자 웃는 일은 혼자 우는 일보다 훨씬 어렵다.

웃지 않으니 마음이 뭉툭해지고 얼굴도 딱딱해져간다. 얼굴의 딱딱함은 마음의 단단함이 아니라 외로움의 답답함에 질려 버린 꼴이다. 문제는 외로워서 얼굴이 굳어간다는 사실에 있지 않다. 잘 웃지 못한 채 타인에게 앙칼지게 굴게 된다는 점이 더 큰 문제다.

너그럽고 친절하고 고상하고 따뜻한 성품을 지녔다고 자부하지만, 이건 나 자신을 과장해서 미화한 모습일 뿐이다. 비판을 가장해서 조롱하고, 장난이란 이름으로 짓궂게 굴며, 가볍게 살겠다고 다짐해도 삶의 공허에 좌절하고, 열심히 살아가는 척하지만 게으르게 하루하루를 허비한다. 좀처럼 직면하지 않으려는 이면이다.

좋은 점만 있으면 좋겠는데 내면엔 어찌할 수 없는 여러 모순이 있다. 다양한 욕망은 상황에 따라 엎치락뒤치락하면서 주도권을 쟁탈한다. 그 과정에서 밖으로 나오지 않길 바라는 이면이 자주 튀어나와 독재할 때가 생긴다.

외면하고 싶은 이면이 불거질 때를 관찰했더니, 인생이 뜻대로 잘 풀리지 않는데다 사람이 곁에 없어서 외로울 때였다. 삶에 역풍은 자주 들이닥쳤고 외로움은 숙환이었다.

타인에게 상처 입히는 말을 날리는 때를 되짚어보더라도 외로워 마음이 싸늘할 때이다. 마음이 시릴 때 타인을 따뜻하게 대하기 어렵다. 외로움에 고통 받는 사람은 타인의 마음에 상처를 준다. 가상공간의 악성댓글은 그 사회가 얼마나 외로운지를 보여주는 증거이다.

사람들과 멀어져 혼자 오래 있는 시간이 길어지면 성격이 모질어진다. 마치 혼자라는 사실을 벌하듯이 불쾌한 기분에 사로잡힌다. 마음이 왜 요동치는지 명확한 이유를 꼽을 수 없는데, 그냥 울적하고 매사가 귀찮다. 기분제어가 안 되어 한참을 흥분하기도 한다.

한번은 간만에 마주한 동생이 밖에 나가 모임을 해보고, 사람들도 만나라고 조언했다. 무슨 얘기냐고 의아해했다. 하루하루 성실하게 잘살고 있다고 자평했다. 타인이 봤을 땐 확연한 증세가 있는데도 정작 본인은 몰랐던 것이다.

혼자 있는 만큼 웃을 일은 없었고, 일상의 감정 변동은 별로 없었나. 하지만 감정은 얼어붙어 있다가 갑자기 빙허가 깨져나가듯 파열음을 내면서 속에 쌓아둔 것을 뿜어냈다. 이면이 거칠게 드러나는 순간이었다.

타인과 원활하게 교류하지 않고 혼자 건강하게 살 수 있는 인간은 없다. 누군가 평소와 달리 갑자기 이상하게 행동한다면, 그 사람은 외로움에 혹독하게 시달렸을 게 분명하다. 날마다 이상한 행동을 저지른 사람들의 소식이 들린다.

마음의 문을 열어야 외로움이 줄어드는데, 우리는 마음을 닫는 편을 선택한다. 워낙 마음을 닫고 지내다보니 타인에게 마음을 여는 행동이 헤프게 느껴질 정도이다. 외로이 칼바람을 맞으며 견디고 있다는 사실 자체를 남들에게 알릴 수도 없고, 알린다고 해도 어떻게 알려야 할지 모른다. 외로움은 현대인의 문신처럼 되어간다.

외로움의 문신을 새길 때마다 마음에 생채기가 난다. 마음의 생채기는 외로움 속에서 곪는다. 그렇게 흉터가 된다. 참혹한 고독은 인간을 흉터투성이 괴물로 만든다.

눈사람

고독의 동토에 홀로 내팽개쳐지면 사람처럼 살기가 어렵다. 싸늘하게 얼어붙은 대지에서 홀로 북풍을 맞다 보면 괴물이 된다.

세상에서 사람답게 살려면 인간관계를 위해 하기 싫어도 해야 하는 일이 있다. 타인의 기대치에 부응해야만 하는 부담도 생긴다.

인간관계에 신물이 나면 누구와도 얽히지 않고 혼자 시간을 보내고 싶어진다. 하지만 홀로 있으면 홀가분함도 잠깐이다. 머잖아 혹독한 외로움이 폭설처럼 내린다. 외로움의 눈발이 쌓이고 쌓이면 아무리 허리를 꼿꼿이 세우고 씩씩하게 발을 내딛으려 해도 머잖아 고개가 꺾이고 무릎이 꺾인다. 그렇게 사람이 아닌 눈사람이 되어버린다.

소설가 은희경의 단편 중에도 눈사람과 같은 주인공이 나온다. 주인공의 생일날이다. 혼자 구석진 찻집에서 의자 깊숙이 몸을 묻고 몇 시간째 꼼짝도 하지 않는다. 만날 사람도 없고 할 일도 없다. 무엇보다 그 시각에 자신을 생각하는 사람이 단 한 사람도 없다는 사실에 마음이, 편했다고 주인공은 되뇐다.

혼자 카페에서 생일을 보내면 아쉽고 외로울 수밖에 없다. '마음이, 편했다'는 문장에서도 마음이라는 단어 다음에 쉼표가 찍혀 있다. 이 쉼표는 많은 걸 암시한다. 혼자 생일을 보내는 주인공의 마음은 과연 편했을까?

주인공은 생일을 의식하고 있다. 생일은 자신이 태어난 날로, 인간은 타인에게 축하받고 사랑받고 싶은 본능적 욕구를 갖고 있다. 혼자 생일을 보내는 일이 편안할 수가 없는 이유다.

소설 속 주인공처럼 타인에게 생일을 축하받지 않는 걸 편하게 여겨왔다. 축하받는 게 어색했다. 타인의 생일도 축하하지 않았다. 별로 친하지도 않으면서 괜히 친한 척 하고 싶지 않았다. 마음을 나눈 사람들 사이에서도 거리가 생겨나고 이별을 맞이하는 건 자연스러운 생애과정인데, 이런 아픔조차 피하기 위해 타인에게 애착을 갖지 않으려 했다. 아예 애착의 대상이 없다 보니 상처받을 염려가 없었다. 타인의 애정 표현을 꺼렸고 불필요한 인간관계로부터 벗어나려 애썼다. 인간관계의 부담을 내팽개치면 보송보송한 자유를 만끽할 줄만 알았는데, 얼어 죽을 뻔했다.

혼자 있으면 마음이 평온하리라 기대하며 고독의 동굴에서 머무는 은둔자였다. 하지만 고독의 동굴은 안전지대이기는커녕 잡념이 박쥐떼처럼 날아드는 무법지대였다. 후회와 고독이 의식에 차오르면서 마음 여기저기 생채기가 생겨났다. 마음에서 날마다 피가 나고 신음하는데, 행복할 턱이 없었다. 내면의 동굴에 들어가 오래 쉬다 보니 삶에서 쉰 냄새가 진동하면서 옴팡지게 괴로워졌다.

누구에게나 남들에게 말 못 할 슬픔과 상처가 있다. 그 슬픔과 상처가 외로이 쌓이고 쌓이면서 고독의 동굴이 만들어진다. 우리는 가끔 혈거인처럼 고독의 동굴에 들어가 한참을 훌쩍이게 된다.

밤은 두려워

고독은 늘 무섭지만 밤이면 더 오싹해진다. 낮에는 어떻게든 버티더라도 밤의 고독은 견디기가 퍽이나 어렵다. 과거의 원시인들이 야수의 습격 때문에 밤을 두려워했다면 현대인은 고독의 습격 때문에 밤을 두려워한다.

밤은 옛날부터 무서운 시간이었다. 그래도 옛날엔 은하수가 외로운 밤을 무사히 건너도록 길을 안내해줬고, 별빛을 흩뿌리며 사람들의 처진 어깨를 토닥여줬다. 하지만 요즘엔 별이 보이지 않는다. 밤하늘에 빛이 사라진 지 오래되었다. 대신 인공의 빛이 요란하다. 휘황찬란한 빛을 내뿜는 환락가가 밤의 외로움을 잊으라고 유혹한다. 현란하고 아슬아슬한 빛깔을 내뿜으며 여기에서 즐기라고 자극한다. 오징어를 끌어들이는 집어등의 불빛처럼 밤거리의 불빛은 우리를 홀린다.

외로움을 핑계 삼아 밤이면 길거리를 돌아다니며 취했는데, 취하는 게 꼭 나쁘지만은 않았다. 술자리의 야단법석 속에서 외로움이 조금이나마 줄어들었다. 젊은 시절엔 외로움과 열정이 뒤섞인 채 용솟음쳤고, 소주와 맥주를 섞어 마시듯 외로움과 열정을 섞었다. 열정도 외로웠고, 외로움도 뜨거웠다.

알코올로 몸을 채웠으니 누군가 불씨를 던져주길 바라는 마음도 있었다. 해가 서산을 넘어가 사위가 어둑어둑해지면, 취하고 싶어서 술을 마셨고, 밤을 불사르고 싶었다. 술을 마시면 얼굴이 붉어졌고, 태양을 삼킨 것만 같은 얼굴로 밤을 밝혔다. 어둠은 무서우니까.

주변을 둘러보니 다른 사람들도 비슷했다. 주말이면 으레 술 약속을 잡았다. 모임이 없으면 혼자서라도 술을 마셨다. 해가 뉘엿뉘엿 저물 때쯤이면 한잔씩 걸치면서 자신을 풀어헤치고 어딘가에 편히 눕고 싶어 했다. 술에 기대어 하루를 견뎠다.

왜 밤이면 술자리가 끌릴까? 타인과 함께 밤을 보낼 수 있기 때문이다. 기러기 아빠들이 부하직원들과 자주 회식하려는 이유이다. 혼자서 맞이하는 밤은 무서우니까.

또한, 욕망을 표출할 수 있기 때문이다. 평소에 점잖던 사람도 이성의 끈을 풀고 싶은 욕망을 품고 있다. 해롱거리면서 빚어지는 촌극은 평소에 하지 못했지만 늘 품고 있었던 욕망의 발현이다.

술자리는 욕망의 무대이다. 뒤편에 웅크리던 욕망이 술자리에 등장한다. 우리는 타인에게 전달하고 싶은 속마음을 감추다가 술자리에서 취기를 핑계로 내보인다. 개똥철학을 읊고, 잘 나가는 누군가를 험담하고, 사모하는 마음을 고백한다. 이마저도 안 하면 가슴을 콱 누르는 외로움에 질식했을지도 모른다.

내면을 드러내는 건 용기가 필요한데, 설사 자신의 속마음을 드러낸다고 해도 상대가 이해할지는 미지수이다. 욕망의 성채를 철통같이 감시하는 문지기 때문에 내면을 표현할 때 굉장히 떨린다. 이때 술의 도움을 받으면 문지기가 허술해진다. 술에 취할수록 그동안 빗장으로 막아두었던 욕망의 성채가 활짝 열린다. 밖으로 튀어나오고 싶어 근질근질했던 욕망의 언어가 쏟아진다.

술을 통해 인간은 타인과 뒤엉킨다. 술은 이성을 마취시키고, 그동안 억눌려왔던 욕망을 분출시킨다. 물론 욕망의 분출이 후련할 수도 있지만 후회일 수도 있다. 술을 마시지 않았으면 엮이지 않았을 악연이 세상에 얼마나 많은지 모른다.

꼭 술을 탓할 일은 아니다. 삶에서 벌어진 사건사고는 술 때문에 일어났더라도 내면에서 요동치던 욕망의 결과다. 그렇다면 진작 욕망을 직면해야 했는데, 계속 외면하다가 뒤늦게 술에 취해 억눌러온 욕망을 해소하려 한다. 욕망을 외롭게 놔두고, 외로운 욕망에 흔들린다. 외로움과 욕망에 비틀거리면서도 마치 술 때문에 휘청거리는 것처럼 자신을 속인다.

유흥가엔 술에 취한 사람들로 가득하고, 그들 속에서 덩달아 취하면 내가 흔들리는 게 아니라 세상이 흔들리는 것 같다. 술을 마시면 모두가 평등하게 취한다. 잠깐이나마 덜 외로워진다. 술잔을 들이켜면서 삶의 피로와 우울을 잊는다. 하지만 다음날이면 고독이

숙취와 함께 몰려온다.

내면의 밤거리 때문에 밤거리에 끌린다. 마음 속 귀퉁이엔 고독, 수치심, 죄책감, 여림, 불안, 상처, 분노, 우울 등이 뭉쳐 있다. 내면의 밤거리엔 응어리가 덩어리진 채 정어리처럼 우르르 몰려다닌다. 취객의 구토, 무뢰한의 행패, 잠 못 이루는 자의 방황, 가냘픈 신음소리를 지인에게 알릴 순 없다.

이따금 내면의 밤거리에 타인이 방문해줬으면 하는 마음이 들 때면 은근하게 호객행위하면서 누군가를 살그머니 끌어들인다. 잘 모르는 타인에겐 속내를 살짝 보여도 덜 불편하다. 활동반경이 겹치지 않아서 잠깐 들렀다가 떠날 사람만 은밀한 구역으로 들인다. 속마음이란 거주시민들은 얼씬거리지 않지만 여행자가 길을 잃어 얼떨결에 만나게 되는 뒷골목과 비슷하다.

왜 그토록 밤거리를 헤맸는지 딱히 생각해본 적이 없었는데, 이제 알았다. 외로움으로부터 도망치고자 밤거리의 광휘에 현혹되었다는 걸, 외로움을 직면하는 일보다 인생을 낭비하는 일이 훨씬 쉽다는 걸.

술 때문에 돈을 쓰고 시간도 낭비하지만, 술이 빚어내는 마법은 어두운 밤을 유흥의 시간으로 변화시킨다. 술은 사람들 눈에 반짝이는 빛을 일으키고, 우리는 술에 빚진 채 외로운 밤을 건넌다. 전 세계 많은 사람들이 술을 마시면서 외로움을 누그러뜨린다. 금주령을 내려 법으로 단속해도 술을 없앨 수 없다. 사람은 외로우니까.

그동안 술자리에 간 건 외로움으로부터 도망가려던 시도였고,

술을 통한 탈출 시도는 그리 성공했다고 볼 수 없다. 술을 마셔서는 외로움으로부터 홀가분하게 탈출할 수 없다. 하지만 술은 밤의 외로움을 달래주는 몇 안 되는 벗이다. 어스름한 밤이 되면 외로워지고 술 한잔이 그리워진다. 술이 놓아주는 가교를 통해 잠깐이나마 현실에서 도망친다.

맨 정신으로 밤을 호젓하게 맞이하는 법을 익히기까지 오랜 시간 술자리를 배회했다. 왜 살아야 하는지 몰라 어리둥절했듯 왜 술자리에 있는지도 모른 채 허둥지둥 술잔을 들이켰다.

요새는 술을 잘 안 한다. 자발적으로 금주령을 내린 건 아니니 언젠가 그대와 술 한잔을 하고 싶다. 이건 제안이나 요청이 아니니 승낙이나 거절 같은 의사표시를 안 해도 된다. 외로움에 취해 혼자 술을 마신 것처럼 중얼거리고 있는 것이다.

모닥불을 피우고 요리를

외로움이 들이닥쳐 저 밖으로 뛰쳐나가고 싶다는 충동이 일어날 때면 모닥불을 상상한다. 캄캄한 밤에 모닥불을 피워놓고 둥글게 둘러앉아 대화했던 일이 따뜻한 추억으로 마음속에 남아 있다. 상상을 통해 모닥불을 피우면 오붓한 기분에 젖어든다. 우리의 선조들이 밤에 모닥불을 피워놓고 야수를 쫓아냈듯 상상의 모닥불을 피워놓고 고독을 쫓아낸다.

평소에 모닥불을 피워놓을 수 없다. 장작을 모아놓고 불을 피우는 일도 여럿이서 함께하는 행위이다. 홀로 모닥불을 피우는 건 너무 추워서 체온을 유지하려는 방편이 아니라면 청승맞은 일이다. 이웃의 신고가 들어올지도 모른다.

야외에서 사람들과 모닥불을 피우는 대신 혼자 집에서 불을 피우는 일로 외로움을 내쫓는다. 외로운 날이면 불을 켜고 요리하는 것이다. 음식을 익히는 불꽃은 마치 모닥불과 같은 효과가 있다. 그저 재료였던 것이 불길 속에서 훌륭한 음식으로 탈바꿈하듯 불길 앞에서 요리하는 동안 외로운 한기에 젖어 있던 마음도 따듯하게 요리된다.

외로운 사람에게 식사시간은 외로움을 곱씹는 괴로운 시간일 수도 있다. 하지만 외로움을 요리하는 신나는 시간일 수도 있다. 물리지 않고 꼬박꼬박 하는 식사란 외로움을 물리치는 일이다.

주변이 어두워지면 외로움이 불청객처럼 불쑥 찾아와 문을 두드린다. 요리를 해야 한다는 신호이다. 하늘의 불이 꺼져 어둠이 내려왔으니 부엌의 불을 켜서 빛을 되찾을 시간이다.

집의 냉장고를 뒤져서 뭐라도 먹거리를 찾아낸다. 정 없으면 가까운 시장에 가서 간단히 장을 봐온다. 시장에 나가는 일 자체가 외로움이 줄어드는 일이다. 활기찬 시장 곳곳을 누비다가 돌아오면 장바구니엔 먹거리 재료뿐만 아니라 삶의 즐거움도 한가득 담겨 있다.

먹을거리를 준비하고 불을 켠다. 불 위에 재료를 올려서 데치고 지지고 볶고 굽고 끓이면 그윽한 향과 함께 맛깔난 모양새가 된다.

아주 맛이 있지 않더라도 요리하는 동안 외로움은 불살라지고 삶의 온기가 올라간다.

노릇노릇하게 두부를 구운 뒤 김치에 싸서 찬찬히 씹으면 축 처졌던 마음도 천천히 차오른다. 매콤하게 졸인 새빨간 떡볶이를 입에 넣는 순간 시들시들해졌던 정열이 되살아난다. 시금치를 곱게 갈아 카레에다 넣고 끓이면 인도요리 가게의 주방장도 깜짝 놀랄 맛이 난다. 좋은 기름을 두른 철판에 마늘을 볶다가 삶은 면과 해감한 바지락이나 조개를 넣으면 오일파스타가 된다. 굳이 이탈리안 레스토랑에 가서 알리오 올리오를 시켜먹지 않아도 될 정도이다. 따로 요리하지 않아도 쌀을 잘 씻어서 전기밥솥에 안친 뒤 두근거리는 마음으로 기다리다가 갓 지어져 김이 모락모락 나는 밥을 김에 싸먹으면 갓을 쓴 조선시대 정승이 부럽지 않다.

살기 위해 먹는다고 하지만 정성껏 요리한 음식을 먹을 때면 먹기 위해 사는 것도 괜찮다는 생각이 든다. 밥을 먹고 마음이 든든하고 흐뭇할 땐 단단하게 똬리를 틀고 있던 외로움도 흐트러진다.

혼자서 요리해 잘 챙겨먹는 일도 즐겁지만, 타인을 위한 요리는 살맛나는 일이다. 요리하는 사람도 타인이 맛있게 먹어주는 모습을 상상하면서 즐겁고, 요리를 대접받는 사람도 요리한 사람의 정성에 황홀해진다. 요리는 사람과 사람 사이의 장벽에 가하는 불세례이다. 요리를 나눠먹은 사이는 한결 친근해지고 내밀해진다. 요리한 뒤 사람들과 흥겹게 나눠먹는 식탁엔 외로움이 낄 자리가 없다. 공들인 정성 덕분에 행복이 식탁 위 한가득 차려져 있다.

세상의 어머니들은 자식들을 위해 요리하는 일이 때론 귀찮고 힘들지만 기쁨 속에서 음식을 장만한다. 정성으로 음식을 만드는 동안 어머니들의 마음 한편에 웅크리고 있는 외로움도 기지개를 켜고는 어머니를 돕는다. 어머니의 외로움과 사랑을 먹고 자식들은 세상을 살아갈 힘을 얻는다.

요리되어 나온 음식이 모양새와 색깔로 유혹하고, 풍미를 내뿜으며 자극한다. 혀로 음식과 유희를 벌이고 치아로 음식을 애무하다 보면 어느새 음식은 입속으로 들어가 몸과 하나가 된다. 정성 가득한 요리를 맛있게 먹는 일만큼 진하고 아찔한 사랑도 없다.

누군가의 애정과 노동으로 만들어진 음식은 몸속 어둠으로 깊이 깊이 들어간다. 목구멍을 통과해 위를 거쳐 장으로 내려가 소화되면서 자신이 받았던 빛과 열을 되돌려준다. 음식에 응축되어 있던 사랑이 온몸으로 번져간다. 그 덕에 다시 살아갈 힘이 난다. 다정한 사랑의 경이로운 순환이다.

포근한 포만감으로 마음이 든든하더라도 혼자 있는 밤이면, 살짝 아쉬움이 생긴다. 밤의 외로움은 어김없이 찾아온다. 배꼽시계가 울리지 않아도 외로운 밤이면 야식이 끌린다. 두 마음이 내면에서 싸운다. 야식을 먹고 난 다음날을 걱정하는 마음과 지금 당장의 즐거움을 미루지 말라는 마음이 뒤엉킨다.

승자는? 오늘 기분에 달려 있다. 오늘 많이 힘들고 외로웠다면 야식 먹을 가능성이 치솟는다. 그렇게라도 외로운 자신을 위로할 수 있다면 야식도 본연의 역할을 톡톡히 하는 셈이다.

멍게는 고독을 모른다

학교에서 요리를 정규수업으로 가르치지 않듯 외로움을 다루는 방법 역시 가르치지 않는다. 학교 자체가 친구들과 어울려 지내는 가운데 성적 경쟁을 벌여야 하는 외로운 공간이다.

초중고 학창시절 내내 단 하루도 결석하지 않고 개근했다. 미적분 문제를 기계처럼 풀었고 원소기호를 달달 외웠다. 그러나 외로움으로부터 벗어나 행복해지는 방법을 배우지는 못했다. 우리 모두는 뒤늦게 밤의 학교에서 인생을 배우는 중이다.

세상에 어둠이 내리면 마음도 어두워진다. 사랑하는 사람의 마음속으로 들어가지 못하고, 누군가에게 쉼터도 제공하지 못한 채 밤을 맞는다. 밤은 안식의 시간이기보다는 불안의 시간이다. 세상이 어둠으로 덮이고, 마음도 고독으로 덮인다.

땅거미가 지면 외로운 마음엔 긴장이 차오른다. 불면의 거미줄에 걸려서 몸부림칠 게 뻔하다. 잠들지 못한 채 바동거리는 신세가 된다. 불면의 고통은 무시무시하다. 불면을 겪지 않으려면 낮에 분주하게 돌아다니고, 허파가 터질듯 운동하며, 사람들을 바삐 만나면서 몸을 피곤하게 만들어야 한다. 늦은 시간에 커피는 엄금이다.

밤을 방어하기 위해 낮을 보낸다. 낮에 피로를 잔뜩 벌어야만 잠의 여관에 투숙할 수 있다. 하루를 대충 보내면 잠의 여관은 입장을 불허한다. '피로하지 않은 자 잠들지 말라'는 원칙으로 운영된다. 외상은 사절이다. 피로가 모자라 잠의 여관에서 쫓겨나면 고독이 고속으로 나타난다.

잠의 여관 밖으로 쫓겨나면 사유는 무섭게 그리고 무겁게 상제된다. 몸을 뒤척이면서 허투루 보낸 시간을 반성하고는 내일은 열심히 살아보겠다고 다짐한다. 안식의 밤이 아니라 안쓰러운 밤이 서글프게 깊어간다.

파김치가 될 정도로 피곤한 날이면 김치찌개로 얼른 허기를 때우고 깊이 잠들고 싶다. 그런데 아무리 구애해도 거절하는 도도한 여인처럼 잠의 여인숙이 받아주지 않을 때가 있다. 피로로 몸이 천근만근인데도 괜히 다리가 배배 꼬이고 몸에서 야릇한 열기가 느껴지는데다 마음이 싱숭생숭하기만 하다. 잠이 안 와 불을 켜고 일어나보면 시곗바늘은 한참 지나가 있다.

니체는 독신 여성이 느끼는 하룻밤의 외로움이 의학실험에 사용하는 동물들의 괴로움을 합친 것보다 더 사무칠 것이라고 말한 적이 있다. 니체는 19세기 사람이라서 20세기에 동물실험이 잔학하게 대규모로 이뤄진 사실을 알 수 없었다. 그럼에도 독신 여성의 사무치는 하룻밤의 고독이란 니체의 표현은 강렬하게 와 닿는다.

사무치는 고독이 사나운 풍랑처럼 일어나는 가운데 밤이라는 망망대해를 홀로 건너다보면 어김없이 난파당한다. 마음속 심해를 뒤지면 고독에 침몰된 시간의 잔해가 수북하게 가라앉아 있다.

잠이 오지 않는 밤이면 수면의 육지를 그리워하면서 불면의 무인도에 갇힌 신세가 된다. 영화 〈캐스트 어웨이〉의 주인공(톰 행크스)이 배구공에다가 사람 얼굴을 그려놓은 뒤 중얼거리듯, 불면의 섬에선 누군가와 대화하고 싶어진다. 하지만 주위를 둘러보면 얘기 나눌 상대가 없다. 그저 어둠 속에 몸뚱이 하나만이 덩그러니 내던 져 있다.

불면의 섬에서 안절부절못하는 밤이면 차라리 우렁쉥이가 되고 싶어진다. 멍게라고 불리는 그 독특한 개성의 생물 말이다. 바다를 떠다니던 우렁쉥이는 어느 날 바위에 눌러앉는다. 자신의 신경계와 뇌를 소화시켜버리고는 입구를 열어 바닷물을 몸에 받아들인 뒤 출구로 내보낸다. 바닷물이 드나들 때 호흡이 이뤄지고, 해수에 있는 유기물을 섭취하며 태평하게 지낸다. 멍게는 자웅동체다. 암수의 성 기관을 다 갖고 있어서 짝을 찾을 필요가 없다. 불면의 무인도에 간 혀 괴로운 밤이면 거친 물살에도 한 자리에서 꿈적도 하지 않은 채 홀로 멍하니 있는 멍게가 부러워진다. 멍게는 고독을 모른다.

멍게와 달리 사람은 고독이 만개할 때면 마음에 멍이 만 개 생긴 다. 밤마다 홀로 있는 건 고독의 조난사고이고, 누군가 긴급하게 그 리워져 구조요청을 보내지 않을 수 없다. 잘 지내느냐고, 뭐하고 있 느냐고, 밥 한번 먹자고, 술 한잔하자고, 지금 만나자고 괜스레 연락 한다. 외로운 밤이면 누군가의 체온과 목소리와 숨결과 손길이 그 립다. 입술을 앙팡지게 다물어보지만 입술 사이로 비집고 나오는 고독이 괜스레 타인과의 접촉을 시도하게 만든다. 사람이 모여 있 는 곳에 밤늦게 굳이 가서 합류할 때도 있다.

이 모든 행동 속에는 외로움을 건너기 위해 그대가 필요하다는 뜻이 숨어 있으나, 좀처럼 알아차리는 사람은 없다. 귓가에 입김을 불어넣어주기만 하면 갈대처럼 스리슬쩍 흔들렸을 테지만, 귓가에는 적막만이 흐른다.

결국 이 모든 게 개수작처럼 느껴지고, 허망해진다. 수많은 사람들이 밤에 외로워하는 걸 생각하면 약간이나마 위로가 된다. 모두가 고통 받으면 현재 들이닥친 고통이 견딜 만해진다. 허나 누군가는 이 밤에 사랑을 속삭일 것이고, 아찔하고 아늑하게 밤을 보낼 것이다. 우울해진다. 비교는 둘 중의 하나를 벼랑으로 떠다미는 악습이다. 무의식중에 타인과 비교하고, 고독한 불행으로 곤두박질친다.

고독을 버리고자 나를 버린다

비교를 통해 고독한 불행으로 곤두박질치고 난 뒤 고독의 수렁에서 빠져나오고자 비교라는 악습을 다시 사용한다. 자신보다 불운한 누군가를 밑에 두면서 알량하게나마 위안을 받는 것이다.

소설가 천명관의 『고령화가족』에 나오는 남주인공이 오늘밤 비교상대이다. 남주인공은 오다가다 알게 된 여자에게 수작을 부린다. 중년의 남녀가 술기운에 기대 외로움을 달래는 일은 현실에서 숱하게 일어날 테고, 소설 속 남주인공도 그러한 행태를 시도한다. 그런데 여자는 정색하면서 단호히 거절한다. 바다도 보고 회도 먹고 기분이 좋았지만 남주인공이 자신을 사랑하지 않기 때문에 동침할 수 없다고 이야기한다.

여자가 사랑을 언급하자 남주인공은 충격을 받는다. 어느덧 자신이 마지막으로 사랑한 게 언제였는지 가물가물했고, 사랑이란 말이 생경한 외국어처럼 낯설었다. 고독에 찌들어 사는 동안 감정은 메마르고 사랑을 믿지 않는 괴물이 되었다고 남주인공은 탄식한다. 고독에 찌들어 사는 건 비슷하더라도 소설 속 남주인공과 달리 아직 눈물샘이 메마르지 않은 것을 보니 괜스레 위로가 된다. 물론 머지않아 소설 속 남주인공이 될 수 있다는 불안이 엄습한다.

소설 속 주인공의 모습은 외로운 사람들의 흔한 행태이다. 애인과 함께 밤을 보내면 포근하고 충만하겠지만, 인생의 모든 밤을 사랑하는 사람과 보내는 일은 어렵다. 혼자서 견뎌야 하는 시기가 있기 마련이다. 그런데 너무 외로운 시간이 이어지면, 꼭 사랑하는 사람과만 밤을 보내야 하는지 의구심이 치밀어 오른다. 고독은 그 누가 되었든 타인의 살에 기대어 밤의 고통을 잊으라고 유혹한다. 외로우면 누군가가 막무가내로 보고 싶어지는데, 상대가 전화를 받기는커녕 수신을 이미 차단했을 가능성도 있다. 이러한 자각은 쓰라린 쓸쓸함을 자아내면서 자신을 더욱 외롭게 만들고, 그냥 누구라도 좋으니 곁에 있어주기를 바라는 지경에 이른다.

독보적인 연구성과로 학계에 이름을 떨친 미국의 생물학자 로버트 트리버스(Robert Trivers)는 밤늦게 외로움에 사로잡힐 때면 상대가 누구든 가리지 않고 성행위를 추구하는 충동이 강하게 나타난다고 말한다. 트리버스 자신도 외로운 밤이면 술집으로 가서 술을 샀고, 낯선 여인과 한 침대에서 깨어나곤 했다.

너무 외로운 날이 지속되면 사랑은 가질 수 없는 사치품처럼 느껴진다. 외로움의 파도가 갈수록 거세져 자존심이라는 방파제를 침식하면 도피처가 간절해진다. 외로움으로부터 줄행랑칠 수 있다면 누구라도 괜찮아진다. 옆에 있는 사람이 누구인지가 중요한 게 아니라 혼자가 아니란 것이 중요해진다. 고독을 버리고자 나를 버린다.

소설가 김언수의 작품엔 외로움 때문에 자신을 내맡기는 사람들이 자주 나온다. 『설계자들』에는 더럽고 역겹더라도 발 디딘 땅을 우리가 결국 떠나지 못한다는 내용이 실려 있다. 새로운 곳으로 자신을 내던지면서 생겨나는 두려움과 넓고 깊게 번지는 외로움을 견디는 일보다 이곳에서의 역겨움을 견디는 데 익숙하기 때문이다. 외로움보다는 역겨움이 더 참을 만한 것이다.

이곳을 떠나 다른 곳으로 떠나지만 다시 이곳으로 돌아오는 주인공이 단편소설 〈바람의 언덕〉에 나온다. 주인공은 너무 외로워서 너무나 외로워서 계획보다 훨씬 빨리 돌아온다. "이 빌어먹을 나라와 거지같은 대학과 쓰레기 같은 사내들의 품으로, 구역질나는 위로와 싸구려 연민과 가짜 친절이 넘쳐나는 술집으로 그리고 화장실에 버려진 콘돔처럼 지저분하고 역겨운 섹스가 가득한 후미진 여관 골목으로."

김언수는 『뜨거운 피』에서 월농거리를 이렇게 설명한다. 이 거리에서는 여자들이 쉽게 외로워졌고, 너무나 쉽게 외로워서 기둥서방에 의지하게 됐고, 기둥서방이 여자를 거리에 팔면서 여자들은 다시 외로워졌고, 다시 허섭스레기 같은 남자들에게 기대게 되면서 또 외로워졌다고.

박범신의 소설 『은교』에서도 고등학생 주인공은 외롭기 때문에 성관계를 맺는다고 고백하는 장면이 나온다. 남녀노소 누구든 몸에서 생겨나는 외로움은 혹독하고, 외로움을 달래려면 타인이 필요하다. 그래서 우리는 때때로 사랑하지 않는 상대와 술을 마시고 밤을 보낸다. 마음이 헐게 되더라도 누군가와 하나가 될 수 있다면 마음의 장벽을 억지로 헐어버린다.

고독한 밤으로부터 도망치고자 타인의 체온을 이용한다. 유혹에 넘어가고자 술을 자신의 몸에 들이붓는다. 다음날이면 숙취와 함께 후회에 시달리더라도 고독이 밀려오면 똑같은 행동을 반복한다. 고독이 유발하는 충동을 자제하는 건 쉽지 않다. 로버트 트리버스도 충동을 잠재우면서 홀로 잠들기까지 오랜 시간이 걸렸다.

로버트 트리버스가 뒤늦게 깨달은 바를 다행인지 불행인지 일찍 실천했다. 외롭다고 외출하지 않는다. 밖으로 튀어나가는 마음을 붙잡아 비끄러매면서 화장실에 들어간다. 눈가에 맺힌 이슬을 외면하고 발 위로 뚝뚝 떨어지는 액체를 털어내며 발을 꼼꼼히 닦는다. 화장실에서 나와 잠들 준비를 한다. 잠이 안 오더라도 잠의 여관주와 몸싸움을 벌이면서 입장을 시도한다. 잠의 여관주도 좀 느슨해지고 있다. 한결 가뿐하게 꿈나라로 여행가고 있다.

잠자리를 목적으로 사랑한다고 거짓말한 적은 없다. 돈을 주고 타인의 육체를 구매해 고독을 잊으려한 적도 없다. 앞으로도 강한 척하다가 고독 속에서 홀로 부서지는 쪽을 택할 것이다. 하지만 고독의 고통이 더 깊어지면 어떻게 될지 장담할 수 없다.

나름 열심히 살았으니 잠깐이라도 유흥을 즐기라고, 얄팍한 쾌락일지언정 그 정도는 괜찮다고, 남들도 다 그렇게 산다는 속삭임이 달달하게 귓전을 맴돈다. 왜 미련 곰탱이처럼 고독의 동굴 속에서 혼자 쑥과 마늘만 먹느냐고, 그런다고 웅녀가 되는 줄 아느냐며 비웃는 목소리가 울려 퍼진다. 울고 싶어진다.

화장실이 있어서 그나마 다행인 밤이다.

레비나스를 읽는 밤

잠이 오지 않을 때면 마치 누군가 옆에 있는 것처럼 군다. 몸을 이리저리 뒤척이는 꼴이 마치 응석부리는 아기 같다. 이렇게 깜찍하게 굴어도 끔찍하게 잠이 오지 않으면 "안 잔다, 안 자"라고 역정을 낸다.

외로워 가뜩이나 신경이 날카로워지면 세상만사가 마뜩치 않아진다. 짜증은 금세 분노로 비화된다. 곁에 어느 누구도 없다는 현실이 한심한 나머지 노염이 터져 나온다. 갑자기 일어나는 화는 그동안 불쾌하고 불편한 상태였음을 일러준다.

날뛰던 울화가 수그러들 때쯤엔 자기연민과 함께 눈물이 난다. 외로움이라는 바람이 불자 와장창 허물어지는 자기 자신에게 좌절하고, 곁에 아무도 없는 현실에 절망한다. 사람답게 살기가 너무 힘들다는 생각이 들면서 세상살이가 무서워진다.

날마다 외로움에 고문당하다 보면 이렇게 비참하게 살다가 죽을 거라는 암울한 전망에 사로잡힌다. 고독의 고문을 당하면 결국 자신이 약하다고 자백하게 된다. 자백하고 나면 속이 시원하긴 한데, 더 버티지 못한 자신에 대한 책망이 생긴다. 그대도 약간 실망할 것이다. 일레인 스캐리(Elaine Scarry)는 신체가 겪는 고통을 면밀히 연구해서는 『고통받는 몸』을 발표해 단숨에 석학의 자리에 올라섰다. 스캐리에 따르면, 고문자는 말할 것도 없고 고문을 끔찍해하며 피해자에게 동정을 느끼는 사람들조차 자백을 은밀히 경멸한다.

고독의 고문을 당하다가 외롭다고 자백한 밤이면 모든 게 미워진다. 그 무엇보다 외로움에 벌벌 떨고 있는 자기 자신이 미치도록 밉다.

수신제가평천하라고 했건만, 자기 몸조차 다스리지 못하는 푼수였다. 세상을 책임지기에 앞서 우선 자기 자신부터 건사할 수 있어야 했다. 외로움을 호젓하게 받아들이는 지혜를 익혀서 평온하게 잠들기까지 무수한 시행착오를 겪었다.

수면제 용도로 철학책을 읽기 시작했다. 그렇게 만난 철학자들 가운데 에마뉘엘 레비나스(Emmanuel Levinas)가 있다. 그는 아무리 자려고 해도 잠들지 않는 상황을 이야기한다. 레비나스에 따르면, 깨어 있어야 할 이유가 없는데도 깨어 있을 수밖에 없을 때, 더 이상 자기 자신을 의식하고 싶지 않은데도 깨어있을 때 존재한다는 엄연한 사실에 붙잡혀 있는 것이다.

밤이면 머릿속을 채우는 번민은 뜻대로 멈춰지지 않는다. 불면의 밤엔 내가 주체가 아니다. 잡념이 쏟아지면서 고뇌하는 대상이 된다. 불면 속에서 나 자신이 대상으로 체험된다. 나는 있다. 내가 있다는 사실을 부인할 수 없다. 나 자신으로부터 벗어날 수 없다. 어둠 속에서 나는 대상이 된다. 나라는 존재에 나는 얽매여 있다. 없지 않고 생생하게 있는 나 자신을 견딜 수 없어서 불면의 밤이 힘들다.

레비나스의 통찰을 이어받아 풀어쓴다고 했는데도 고난도의 단락이었다. 잠이 안 와 몸부림칠 때만큼이나 힘이 들었다. 불면의 밤이면 위 글을 다시 읽을 생각이다. 그대도 밤에 잠이 안 오면 위 단락을 다시 읽어보라. 스르르 잠이 올 것이다.

어루만지고, 토닥이고, 애무하는

녹초가 될 정도로 피곤해도 나라는 초에 붙어 있는 자그마한 불꽃은 어쩔 수 없이 나 자신을 환히 밝힌다. 얼른 의식의 불을 끄고 칠흑 같은 어둠이 찾아오길 바라더라도 마음먹은 대로 내면의 불꽃을 껐다 켰다 할 수는 없다.

잠조차 원하는 대로 잘 수 없는 밤이면 머리맡에 촛불을 켜고 은은한 분위기를 자아낸 뒤 자장가를 불러주던 엄마가 그리워진다. 누군가 애정을 갖고 곁에서 촛불을 켜주면 내면의 촛불이 슬며시 꺼진다.

우리는 겉보기엔 다 컸어도 내면엔 아기가 있다. 사랑하는 사람이 곁에서 등을 토닥여주면 밤에 잠이 잘 온다. 홀로 누워 뒤척거리는 밤에 레비나스는 하룻밤 애인이 되어준다. 레비나스는 애무에 대한 글을 통해 잠에 푹 빠지도록 애무해준다.

레비나스는 애무가 현실세계 너머 새로운 차원을 향한 손짓이라고 말한다. 인간은 상대의 특정 신체부위를 만지려고 손을 뻗는 게 아니라 자신이 무언가를 찾는지도 모른 채 상대의 몸을 어루만지면서 무언가를 찾고 있다고 레비나스는 주장했다. 이 대목을 강의할 때 수강생 가운데서 폭소가 터진 적도 있었다. 그만큼 좀 황당한 얘기이긴 한데, 영감을 주는 면도 있다. 애무란 서로의 몸을 주무르는 행동이자 우리 몸 안에 잠든 사랑을 불러일으키는 주문이 아닌가? 그래서 사랑하지 않는 사람이 몸을 만질 때 화가 나는 것이다. 애무란 몸 안에 잠들어 있는 신성한 사랑을 일깨우는 주문이므로 대충하찮게 할 수 없다.

사랑을 일깨우기 위해서라도 애무가 필요하다는 생각에 이르자, 특이한 사업을 구상하기 시작했다. 수많은 사람들이 외로움에 시달리고 있을 테니, 외로운 사람들끼리 만나 서로를 신성하게 애무하면서 사랑을 일깨우는 사업이다. 이른바 '접촉사업'이다.

영국의 동물학자 데스먼드 모리스(Desmond Morris)의 『인간의 친밀 행동』을 읽는 동안 접촉사업이라는 계획이 떠올랐다. 서구에선 집단감수성 훈련치료라는 이름의 운동이 벌어졌다. 이 운동은 우리의 육체성을 일깨우면서 문명사회가 마음에다 덧입힌 갑옷을 깨뜨리는 걸 목적으로 실시됐다. 집단감수성 훈련치료는 서로의 몸을 맞대고 어루만지는 놀이를 통해 진행됐다. 가장 현대화되었으나 그만큼 고독한 나라인 미국에서 집단감수성 훈련치료가 삽시간에 확산되었다.

데스먼드 모리스의 『털 없는 원숭이』도 읽으면서 인간의 동물성을 폭넓게 생각하는 시간을 가졌다. 영장류들은 친교를 위해 서로의 털을 골라주고 벌레도 잡아주면서 신체접촉을 만끽하는데, 접촉의 욕망은 '털 없는 영장류'에게도 분명 꿈지락댄다. 다정하게 어루만져주는 사람이 없을 때 인간의 육체는 버거운 몸뚱이로 전락한다. 타인과의 내밀한 접촉을 상실하면 고통이 생긴다.

접촉행사를 어떻게 진행할지 상상해본다. 사람들은 밝고 따뜻한 분위기 속에서 서로를 향해 웃음을 짓는다. 푸근하고 쾌적한 장소에서 참가자들은 서로에게 애정을 담아 다정한 말을 주고받는다. 그리고 천천히 부드럽게 서로를 껴안고 볼을 부빈다. 좀 유쾌하게 얼싸안기도 한다. 아이처럼 귀여운 장난을 치기도 한다. 참가자들은 사랑하는 사람끼리의 살가운 행위를 할 수 있다.

누구나 원하는 만큼 사랑할 수 있는 건 아니므로 현실에서 친밀함의 부족분을 채워주는 사업은 잘될 수밖에 없지 않을까? 나부터 신청하고 싶다.

서구에서는 사람들이 어우러지는 축제나 모임행사가 많다. 현대 도시인들이 겪는 외로움은 인간의 관계양상이 근대화되면서 발생한 결과이다. 근대화를 먼저 시도한 서구사회는 외로움에 처절하게 시달리면서 인간이 인간과 접촉하는 다양한 방법을 모색했고, 그 결과 지역정부가 주관하는 다채로운 축제와 자기 집으로 사람들을 초대해서 어우러지는 모임행사가 일상문화로 정착했다. 한국에서도 보령머드축제가 비슷한 목적을 달성하고 있다. 1998년에 처음으로 열린 보령머드축제는 진흙을 이용해 타인과 어우러지는 행사이고, 전 세계 사람들이 참가하고 있다. 서울 신촌에서도 2013년부터 물총축제를 통해 사람들의 어울림을 도모한다.

너무나 잠이 오지 않아 누군가 절절하게 그리운 밤이면, 사업계획은 일사천리로 진행됐다. 접촉사업은 단순히 수익만 거두는 게 아니라 외로움에 인간성이 파괴된 사람들을 치유하는 보건복지사업이 될 거 같았다.

살다 보면 타인의 신체가 주는 위로가 그리울 때가 생긴다. 불면과 우울 역시 타인의 육체로부터 자신의 육체가 고립되면서 발생한 현상이다. 누군가 옆에서 몸을 애틋하게 어루만져줄 때 마음은 편안해지고 잠은 솔솔 온다. 인간은 타인과 살갑게 부둥켜안기를 원한다.

이런 욕구가 '살고픔'이다. 외로운 밤이면 타인의 살이 고파진다. 타인의 살을 애무할 때 살맛난다. 타인의 살을 만지고 물고 빠는 살맛나는 인생이 아니기 때문에 살맛을 얻고자 동물의 살을 손으로 쥐고는 물고 뜯고 빨아먹는지도 모른다.

하지만… 코로나19가 퍼졌다. 누군가와 접촉하는 건 코로나19를 퍼뜨릴 수 있는 위험한 행동이 되어버렸다. 타인을 향해 뻗은 손을 황급히 거두어들인다. 코로나19는 오싹하다. 단지 무시무시한 전염성 때문이 아니라 타인과의 만남과 약속을 무시하게 만들면서 인간을 고립시키기 때문이다.

접촉사업계획은 무산되었다. 괜찮다고 중얼거리면서 스스로 등을 토닥여주려고 하는데, 팔이 뻣뻣해 등에 손이 닿질 않는다.

무너지고, 상처받고, 내던질 용기

뻣뻣한 몸을 풀어주고자 방을 서성이면서 몸의 관절 여기저기를 문지른다. 몸을 푸는 김에 음악을 틀고 막춤을 춘다. 엉덩이를 실룩거리면 기분이 좋아진다. 엉덩이의 실룩거림에 외로움이 놀라서 달나라까지 달아난다. 외로움이 달아났으니 한결 흥겹게 달밤의 체조도 해본다.

몸을 풀어주면 새로운 발상이 떠오르곤 한다. 접촉사업계획 말고 또 다른 계획이 신선하게 등장하길 기다린다. 어디서 오는지 알 수 없는 생각들이 생겨났다 스러진다. 근사한 계획이 떠오르길 기다리는데, 외로움이 돌개바람처럼 불어온다. 달나라까지 달아났던 외로움이 달빛과 함께 가슴 속으로 슬며시 스며든다.

아무리 달아나더라도 외로움은 그림자처럼 달라붙는다. 외로움은 삶의 한복판에서 생겨나는 죽음의 기운이다. 누군가와 멀어지는 건 한 시절에 형성되었던 관계의 죽음이다. 관계의 죽음을 맞을 때마다 외로워지고, 외로워지면 죽음에 한층 가까워진다. 관계가 끝나 울먹이며 가까스로 산소를 들이마시는 순간, 마음속에선 산소가 하나 더 생긴다. 마음속 공동묘지는 계속 확장된다.

외로울 때면 마음속 공동묘지를 찾아가 몇몇 무덤 앞에 꽃을 놔

두고 묵념한다. 묘비엔 여러 일화가 간략하게 적혀 있다. 묘비를 어루만지면서 한참동안 과거를 앓는다. 모든 게 내 잘못인 것만 같다. 애정이 굴뚝같았는데도 마음과 연결된 굴뚝 속으로 자신을 내던지는 산타클로스가 되지는 못했다.

마음의 창문을 더 활짝 열었다면, 한 발 더 다가갔다면, 깍지 끼던 손을 풀지 않았다면 어땠을까 후회한다. 그대를 와락 끌어안고는 소리 내어 엉엉 울면서 와르르 무너졌어야 했는데 그러지 못해서 미련이 남는다. 나중에 시신이 화장되어 한강에 뿌려지길 바라나 혹여나 묘비가 생긴다면 이렇게 적힐 것만 같아 안타깝기 그지없다.

기꺼이 상처받을 각오로 자신을 내던졌어야 했는데 그렇지 못해서 더 크게 상처받은 사람.

마음속 공동묘지를 거닐다 보면 쭈그러든 가슴을 부여잡게 된다. 너는 한 번이라도 누군가에게 뜨거운 사람이었느냐면서 연탄재 함부로 차지 말라고 했던 안도현의 시 〈너에게 묻는다〉가 떠오른다. 연탄재처럼 산화되더라도 정념의 불을 질러야 했다. 충격의 폭풍을 온몸으로 맞아야 했다. 사랑의 급류에서 발 빼지 말아야 했다. 마주친 눈을 피하지 말아야 했다. 자신을 보호할수록 일상은 시시해졌고, 안전하게 지내는 만큼 삶은 앙상해졌다.

한밤의 마음속 공동묘지를 거닐다보면 유령들이 떠돌아다닌다. 밤이면 관 뚜껑을 열고 튀어나오는 후회와 미련이라는 유령을 잠들게 하기 위해서라도 용기가 절실하다.

나를 내던질 용기가, 최선을 다해 진심을 전할 용기가. 그대에게 거절당할 걸 알면서도 또 다시 제안을 할 용기가.

03

고독을 권함

고독의 즐거움

모든 게 그러하듯 고독도 순전히 나쁘기만 하지는 않다. 외로움에 경각심을 갖더라도 우리가 외로움 속에서 누릴 수 있는 즐거움도 소중하게 다뤄야 공정할 것이다. 여기서부터는 고독의 즐거움도 여러 차원에서 이야기해보려 한다.

고독의 즐거움을 탐사하기에 앞서 우리의 시선을 아주 먼 과거로 돌려보자. 과거 원시부족사회나 촌락공동체엔 일정한 수의 인원이 긴밀하게 결속되어 살았다. 곤경은 혼자만의 문제가 아니라 이웃과 친족이 나서서 함께 해결하는 공동의 문제였다. 인간은 이웃끼리 품앗이했으며 경조사도 협력해서 치렀다.

인류는 집단을 중심으로 번성했고, 지금도 부족주의가 우리 본성에 각인되어 있다. 혈연과 지연과 학연을 따지는 현상이나 도처에서 발흥하는 지역주의나 국가주의나 민족주의나 이방인에 대한 거부감은 인간본성에서 우러나는 현상이다. 집단정체성이 부여되면 우리는 개인의 이익을 희생하면서까지 집단의 이익을 우선시한다. 도덕심리학자 조너선 하이트(Jonathan Haidt)는 인간이 침팬지와 비슷한 속성을 많이 공유한다는 과학연구에 불쾌감을 표출하면서 인간은 침팬지와 같지 않다고 소리치는 사람들에 약간 동조한다. 왜냐하면 인간은 침팬지하고만 비슷한 게 아니라 벌과도 비슷하기 때문이다. 조너선 하이트는 인간이 침팬지와 90퍼센트가 같더라도 나머지 10퍼센트는 벌과 같다고 말한다. 집단정체성이 작동하면 우리는 자신을 희생하는 벌떼처럼 행동한다.

인간에게는 자신을 최우선시하는 이기주의자의 면모와 집단을 중시하는 이타주의자의 면모가 섞여 있는데 그동안 부족사회에서 개인성은 억제되어왔다. 그러다 근대화의 물결 속에서 세상이 크게 탈바꿈했다. 산업화와 도시화의 결과로 고유한 특색을 지녔던 지역 공동체는 아련한 향수를 남기고 해체되었다. 윗세대를 복사해서 붙여넣기 한 것처럼 자식들이 살던 시대는 지나갔다. 우리는 개인으로서 살고 있고, 후손들은 시시각각 변하는 세계를 우리가 상상하지도 못하는 방식으로 살아갈 것이다.

멋진 카페에서 커피 한잔을

문명의 발전 속에서 최근에 와서야 개인주의가 불거졌다. 개인(個人)이란 낱낱으로 떨어진 사람을 가리킨다. 개인은 타인들로부터 동떨어져 '나'가 홀로 있다는 감각을 격하게 체험한다. '나'라는 내면의 공간은 인류 진화에 따른 놀라운 변화이고, 타인에게 의존하지 않고 혼자서도 살 수 있는 사회 환경의 산물이다. 선사시대의 조상들도 자의식이 있었지만 야생의 끝없는 위협에 시달리는 가운데 힘겹게 생존하느라 내면의 공간을 응시하고 탐색할 여유가 없었다.

더구나 육체의 충동을 통제하며 자신에게 거리를 두고 자신을 바라보는 자의식은 문명이 발달하면서 강화되었다. 인간의 행동이 역사 속에서 변천한 과정을 연구한 노르베르트 엘리아스(Norbert Elias)는 인간이 인간을 어떻게 길들이면서 자기조절하게 되었는지를 『문명화과정』에서 보여준다. 그대가 타임머신을 타고 과거로 돌아가 불과 수백 년 전 사람을 만나도 일단 그들 몸에서 나는 체취에 코를 쥐어 잡게 될 뿐만 아니라 그들의 순박한 상스러움에 기절초풍할 것이다.

더군다나 과거의 조상들은 대부분 문맹이었다. 자기 삶의 서사를 구성하면서 내면을 표현하는 자의식은 문자를 통한 추상적 사고에 힘입어 발전했다. 근대교육으로 누구나 글을 읽고 쓰게 되면서 나는 누구이고 인생이란 무엇인지 되묻는 성찰이 보편화되었다. 촌락공동체가 해체되어 친족으로부터 독립해 도시에서 개인으로 살기 시작한 근대부터 내면의 공간은 확장되었고, 자의식이 심화되었다. 이전 시대 사람들의 자의식과 현대인의 자의식이 다를 수밖에 없는 이유이다.

현대인은 인생을 스스로 책임져야 한다는 압박을 받으면서 자의식이 과잉 발달했고, 그만큼 외로움도 무거워졌다. 물론 고독이 힘들다고 자유를 포기할 수는 없다. 구더기가 무섭다고 장을 안 담글 수 없듯 현대인은 기꺼이 고독을 감내하면서 자유를 향유한다.

전 세계인들에게 오랫동안 사랑받는 명작 『총, 균, 쇠』의 지은이 재레드 다이아몬드(Jared Mason Diamond)는 『어제까지의 세계』를 통해 인류사회가 얼마나 달라졌는지를 보여준다. 재레드 다이아몬드는 뉴기니 친구와 대화하는 중에 미국식 삶에서 익명성이 가장 마음에 든다는 친구의 얘기에 놀란다. 뉴기니 사람들은 과거의 인류사회처럼 이웃끼리 얽히고설켜서 살아간다. 어디에 가도 자신을 다 알고 있고, 성별과 지위에 따른 역할에서 벗어날 수 없다. 반면에 도시에서는 서로 모르는데다 타인의 자유를 침해하지 않는다면 자신의 자유를 마음껏 누릴 수 있다. 뉴기니 친구는 카페에 앉아 혼자 신문을 읽을 수 있는 즐거움을 재레드 다이아몬드에게 얘기한다. 익명성의 자유가 요즘 도시인들에겐 당연한 일이라서 그다지 색다른 만족을 주지 않지만 자신의 소득까지 일가친척과 공유해야 하는 뉴기니 사람들에겐 굉장한 짜릿함을 안겨준다.

비슷한 이야기가 영화 〈가장 위험한 해〉에 나온다. 이 영화를 이해하려면 인도네시아 역사를 알아야 한다. 인도네시아는 오랜 식민 지배를 겪다가 해방되었는데, 만연한 부정부패와 처참한 빈곤에다 좌우익의 이념대결이 심해지면서 혼란한 정국이었다. 공산당이 정변을 일으켰는데 실패로 돌아가자 반공주의 광풍이 불어 닥쳤고, 군부와 이슬람주의자들은 지식인, 조합원, 소농을 닥치는 대로 죽였다. 50~100만 명이 학살당한 걸로 추산된다. 미국중앙정보부(CIA)의 극비보고서에 따르면 1930년대 소련의 대숙청, 2차 세계대전 당시 나치의 대학살, 1960년대 초 중국 홍위병의 만행과 함께 20세기 최악의 대량학살이었다. 영화 〈액트 오브 킬링〉을 보면 가해자들은 텔레비전에 나와 당시 경험을 희희낙락하며 재연하고, 〈침묵의 시선〉을 보면 공산당을 죽이는 건 정당하다고 세뇌시키는 수업이 초등학교 교실에서 이뤄진다.

영화 〈가장 위험한 해〉로 돌아오면, 오스트레일리아 방송국의 기자(멜 깁슨)가 1965년에 인도네시아 자카르타로 파견을 오면서 영화는 시작된다. 인도네시아에서 오만 가지를 겪은 남주인공은 취재를 강행하려다가 군인들에게 맞아 눈을 다치게 되는데, 인도네시아인 회사동료가 목숨을 걸고 공항까지 운전해준다. 공항에 도착하자 동료는 남주인공에게 이렇게 작별인사를 한다. 멋진 카페에 갈 때면 자신을 생각해달라고, 멋진 카페에서 커피를 마시는 게 자신의 꿈이라고.

지금 우리는 누군가가 꿈으로만 꾸던 일을 날마다 심드렁하게 누리고 있다. 도시 한복판 쾌적한 공간에서 편하게 커피마시는 일은 인류문명이 이룩한 최첨단 혜택이다. 타인의 시선을 신경 쓰지 않고 혼자 시간을 보낼 수 있는 익명성의 자유는 인류문명의 소중한 성취이다.

우리는 너무 많은 사람들과 너무 자주 만났다

홀로 있을 수 있는 자유는 최근에 생겨난 결과라서 우리 모두가 마음껏 행사하지는 못한다. 무리를 지으려는 부족주의 성향으로 말미암아 아직 우리는 홀로 있는 게 어색하고 두렵다.

지금껏 우리는 너무 많은 사람들과 너무 자주 만났다. 이제 우리는 혼자 있을 필요가 있다. 홀로 지내는 힘과 성숙의 수준은 깊게 연결되어 있다. 인간은 부조리하게 모조리 고독하다. 그런데 고독을 대하는 태도가 사람마다 다르고, 바로 이 차이에서 성숙의 정도가 달라진다. 홀로 있다고 자동으로 성숙하는 건 아니지만, 홀로 있을 줄 모르는 사람이 성숙하기는 쉽지 않다.

인간은 생각하는 갈대라는 말로 유명한 프랑스의 철학자 블레즈 파스칼(Blaise Pascal)은 세상의 모든 불행은 방안에 조용히 머물러 있을 줄 모른다는 단 한 가지 사실에서 유래한다고 『팡세』에 썼다. 파스칼 말마따나, 홀로 보내는 시간 없이 어영부영 세월을 흘려보냈기 때문에 나이를 먹어도 불행한 나날이 반복되는 건 아닐까? 고독으로부터 도망치는 건 삶을 망치는 일이다.

물론 자가격리하는 동안 힘들었다. 금성에서 자란 무처럼 보여도 평범한 인간이라는 사실을 새삼 깨닫는 나날이었다. 타인에게 관심을 쏟고 무리 속에 있을 때 기분이 좋아지는 본능으로 말미암아 홀로 있기란 익히기 어려운 일이었다. 고독은 사나운 야생짐승 같았다. 위협했고, 유혹했고, 자극했고, 괴롭혔다. 갑자기 들이닥쳐 일상을 엎어뜨리기도 했고, 아주 천천히 야금야금 스며들어서는 우울하게 만들기도 했다. 숨 돌릴 새도 없는 몰아치는 고독에 제정신을 차리기 쉽지 않았다. 고통이 줄어들기는커녕 갈수록 거세졌다. 그만 오라고 소리를 질렀고, 발버둥을 쳤어도 고독은 아랑곳하지 않은 채 인생을 집어삼켰다.

시간이 한참 지나 고독이 좀 누그러져 정신을 차려 보니, 마음이 튼튼해지고 깊어졌다. 고독에 쓰러졌지만, 모든 것이 부서지지는 않았다. 고독 속에서 박살난 것은 성장하기 위해 벗어야 했던 껍데기였다. 껍데기를 벗어던지니 마음이 가벼워졌고, 접혀 있던 날개를 펼쳤다.

비로소 '홀로움'이란 말이 와 닿았다. 시인 황동규는 여러 시를 통해 홀로움이라는 신종어휘를 알렸다. 예컨대『우연에 기댈 때도 있었다』를 보면, 홀로움이란 환해진 외로움이다. 어둡고 무겁고 괴로운 외로움을 밝고 가볍고 즐거운 외로움으로 전환시키면 홀로움이 탄생한다. 홀로움 속에서 인간의 정신이 새로이 태어난다.

홀로움의 가능성이 확산되는 시대다. 코로나 덕분에 고독의 방부제가 세상에 퍼지고 있는 셈이다. 고독한 시간이 인생의 대부분이라면 곤란하겠으나 일정 시간만큼 고독하지 않으면 인간의 정신은 형편없이 뭉그러진다. 고독은 고통스럽지만 바로 그 덕분에 인간을 성장시킨다. 홀로 있는 동안 자신을 사랑하는 동시에 자신을 경멸할 수 있는 힘이 생긴다.

니체는 위대한 사랑에서 우러나오는 경멸을『차라투스트라는 이렇게 말했다』에 담아 전파했다. 자신의 썩어빠진 부위를 세차게 도려내려면 자신을 사랑하면서도 경멸할 수 있어야 한다. 진정한 자기애를 지닌 사람은 기존의 자신을 경멸하며 극복하고는 새롭게 창조한다.

고독 속에서 인간은 자신이 정말 어떤 사람이고 어떻게 살아야 하는지 깨닫는다. 홀로 있을 때 두뇌가 가장 좋은 상태로 기능하면서 잠재력을 끌어낸다는 신경과학 연구결과도 있다.

우리는 자기만의 문제를 짊어지고 이 세상을 여행하는 달팽이다. 그동안 사람들을 만나면서 지상의 세계를 여행했다면 이제 내면의 세계를 여행할 시간이다. 내면세계를 여행하면서 혼자 있는 시간과 함께 있는 시간의 황금비를 찾을 수 있을 것이다.

고독과 인간관계는 인생을 버무리는 두 가지 양념인데, 어떻게 배합할지는 각자의 입맛대로 하면 된다. 그 황금비는 사람마다 조금씩 다를 것이고, 누가 제시해줄 수 없다. 자기만의 황금비를 찾아내면서 우리는 어른이 된다.

어른은 외로움을 맞이할 수 있는 힘이 있고, 타인의 외로움도 보듬을 줄 아는 사람이다. 단지 외로움을 견디는 게 아니라 외로움 안에서 변화를 감당하는 어른이 되고 싶다. 화장실은 그만 들락거리고, 앞으로는 이렇게 행동하려 한다.

힘들어도 할 수 있는 만큼 온 힘을 다해 고독을 끌어안기. 그대의 외로움을 헤아리면서 눈물을 닦아주고자 손 내밀기.

햇살과 바람과 대지를 만나는 일

자신의 길을 당당하게 걸어가는 멋진 사람들은 어느 누구 예외 없이 고통을 겪었고, 고독 속에서 성장했다. 그들은 안간힘을 쓰며 고독을 견뎠고, 끝내 고독을 즐길 줄 알게 되었다.

물리학자 알베르트 아인슈타인(Albert Einstein)은 고독 속에서 살아왔는데, 젊은 날에는 고통스러웠지만 성숙해서는 감미로웠으며, 나이가 들수록 고독을 더 사랑하게 되었다고 고백했다. '이인슈타인'이라도 된 것처럼 아인슈타인의 고백에 공감이 갔다. 고독은 오미자차처럼 처음엔 쌉쌀하고 신맛이 나다가 시간이 지날수록 달고 산뜻했다.

외로움을 피하려고만 하지 않고 외로움의 된서리를 견디다 보면 마음의 마디가 굵어진다고 믿는다. 진심이냐고 그대가 물어보면 진심이라고 답할 것이다. 그대가 눈을 보고 얘기하라고 하면 그대 눈을 바라볼 텐데, 살짝 눈동자가 흔들릴 수는 있다. 눈빛이 흔들리고, 서로의 눈을 쳐다보는 건 우리가 인간이기 때문이다. 인간에게는 눈을 통해 타인의 진실을 헤아리는 능력이 있다.

영장류는 외부에 자신의 눈을 노출시키지 않도록 진화했다. 그래서 눈동자 주위의 공막이 피부색과 비슷하다. 현재 지구에 살고 있는 영장류 92종 가운데 눈에 흰자위가 있는 영장류는 인간이 유일하다. 인간만이 자신이 어디를 보고 있는지 타인에게 드러내는 쪽으로 진화했다. 조상들은 서로의 눈을 들여다보면서 상대가 진실한지 아닌지 알려고 했고, 현대인도 상대가 미덥지 않을 때 '내 눈을 보고 이야기하라'고 요구한다. 거짓으로 말할지언정 눈의 반응마저 속이기는 어려운 법이다.

인간은 눈을 통해 마음을 드러내는 사회적 초유기체이다. 서로의 눈을 들여다본다는 건 상대의 감정을 공감하려고 노력한다는 뜻이다. 공감 덕분에 상대의 기분을 역지사지할 수 있고, 자신의 감정을 상대가 이해하리라 기대할 수 있다.

공감능력은 폭력을 예방하는 효과도 있다. 공감능력으로 말미암아 폭력이 일어나면 가해자의 마음에도 고통이 생긴다. 상대에게 공감하지 않아야 폭력을 저지를 수 있다. 상대에게 공감하면 자신이 저지르는 폭력에 상대가 얼마나 아플지 생생하게 느껴져 자신도 아프다. 공감능력을 향상시키면 폭력을 줄일 수 있다.

공감능력 덕분에 고통에 시달리는 누군가를 보면 돕고 싶은 마음이 든다. 맹자가 우물에 빠진 아이를 구하려는 본성을 이야기했듯, 배고파 울고 있는 아이가 있다면 뜨끈한 밥을 먹이고 싶은 마음이 저절로 일어난다. 우리가 더불어 살아가는 존재라는 사실을 공감능력이 증명한다.

우리는 타인의 감정이나 상태에 영향을 받는다. 주변에 외로운 사람이 있으면 덩달아 외로워진다. 주변 사람들이 외롭기 때문에 우리가 외로운 것이다. 나만 외롭지 않다. 너도 외롭다. 우리는 남들을 외롭게 놔두면서 결국 자기 자신을 외롭게 만든다. 네가 외로울 때 곁에 있어주지 않았기에 내가 외로울 때 아무도 없다.

작용과 반작용법칙, 뿌린 대로 걷는 원리, 모든 게 얽혀 있다는 깨달음은 아주 오래부터 이어져온 인류의 지혜이다.

현자들은 타인이 자유롭고 행복해져야만 자신이 자유롭고 행복해질 수 있다는 깨달음을 얻은 사람들이다. 자신의 고통에서 출발하되 타인을 이해하고 사랑을 실천하면서 그들은 현자가 되었다. 현자를 이렇게 정의해볼 수도 있겠다. 자신에게 갇히지 않고 나를 넘어 타인을 사랑하는 사람. 세상의 한기를 뚫고 온기를 나누며 살아가는 사람.

현자와 반대로 자기만 걱정하는 사람은 외로울 수밖에 없다. 나는 여기에 홀로 있고, 다른 사람들이 나와 무관하게 있다는 분리감이 고독이다. 인식이 밖으로 향하지 않고 안으로만 수렴해서는 '나'가 머릿속에 갇혀 있다는 고독감에 사로잡힌다.

자연과 세상과 연결되어 있고, 하늘과 땅이 나를 감싸고 있으며, 동물과 식물이 자매형제들이라는 사실을 안다면 인간은 고독할 수 없다. 우리는 어떤 순간에도 혼자가 아니다. 세상은 광대하고, 수많은 생명은 놀랄 만큼 긴밀하게 연결되어 있다.

주위와 단절된 채로 자의식이 예민하게 과잉되면 외로움이 심화된다. 그렇다고 의식을 흐리멍덩하게 만들어 외로움을 피하려는 건 그리 현명한 행동이 아니다. 오히려 세상과 연결되어 있다는 사실을 생생하게 자각하고자 호흡을 가다듬으면서 햇살과 바람과 대지와 접촉하는 일이 필요하다.

세상과 연결되어 있다는 감각을 발전시키면 타인에 대한 태도가 달라진다. 타인의 고통에 응답하는 사람이 어른이다. 어른은 타인을 사랑한다. 타인을 사랑하고 도우면 행복해진다. 타인의 행복을 기원하는 일은 타인과 연결되어 있는 자신을 행복하게 하는 일이다.

사랑을 위한 과학

그동안 들판에 덩그러니 남겨진 눈사람이었다. 이제부터는 타인과 생생하게 연결되고자 움직이는 눈사람이 되려 한다. 그러면 에워싸인 눈이 녹아내리고 마음과 마음이 이어지면서 진짜 사람이 되지 않을까 싶다.

왜 마음과 마음이 연결되면 쌓였던 외로움의 눈이 녹아 없어질까? 인간은 마음을 지닌 존재이고, 마음과 마음이 만나면 외로움이 들어설 자리가 없어지기 때문이다. 타인에게 마음을 받으면 충만해지면서 힘이 난다.

타인은 충만함만 주지 않는다. 그밖에도 세 가지의 좋은 효과를 더 준다. 첫째, 안정을 준다. 인간의 몸은 외부와 똑 떨어져서 독립되어 작용하는 살덩어리가 아니다. 곁에 있는 존재와 상호작용하는 열린 구조이다. 마음을 나누던 누군가가 멀리 떠났을 때를 떠올려보자. 기운이 없어지더니 며칠 뒤엔 몸이 아프기까지 한다. 사람의 신체는 결코 혼자서는 안정될 수 없다. 인체의 생리기능은 홀로 제어가 안 된다. 타인으로부터 전달되는 인체정보가 호르몬 수치, 수면주기, 심장기능, 면역기능 등을 조절한다. 타인이 곁에 없으면 신제기능이 교란되면서 불안해지고 탈이 난다. 안정이란, 마음으로 이어진 사람들이 곁에 있다는 뜻이다. 미국의 정신과의사들은 두 사람이 함께 모여야 비로소 안정되고 균형 잡힌 유기체가 된다고 『사랑을 위한 과학』에서 설명한다.

둘째, 타인은 고통을 겪는 우리에게 위안을 준다. 고통을 홀로 겪을 때 상처가 크게 남는다. 누군가 옆에 있다면 힘겨운 상황이라도 견딜 수 있다. 타인의 숨소리와 체온과 눈빛만으로 위로가 된다. 힘든 하루를 보내고 가까스로 집에 돌아왔을 때 사랑하는 가족을 보면 마음을 추스르게 되는 이유이다. 누군가의 까칠함은 단지 시련을 겪었기 때문이 아니다. 고통을 고독하게 겪었기 때문에 생긴 상흔이다.

셋째, 타인은 상처를 통해 우리에게 더 넓은 시야를 제공한다. 세상을 살면서 상처받지 않는 사람은 없다. 굳이 비교를 하자면 나보다 훨씬 가혹하게 상처를 받은 사람들이 숱하다. 타인의 상처받은 마음을 만난다고 고통이 사라지는 건 아니지만, 자신의 고통을 부풀리면서 사방팔방에 떠들지 않게 된다. 침울해하며 상처 속으로 인생을 침몰시키려던 자신이 쑥스러워진다. 헤아릴 수 없는 타인의 고통은 자기연민에서 빠져나오게 이끌고, 세상에 대한 지칠 줄 모르는 원망을 그만두도록 돕는다.

가장 불행하다는 착각에 갇혀 살았다. 그러다 타인을 만나고, 사람들 모두 고통 받는다는 걸 알게 되면서 생각의 물꼬가 새로이 터졌다. 미성숙한 시절엔 자신의 불행을 과장하고 과거의 고통을 지속시키면서 고립되었다면, 이제는 세상의 고통을 끌어안으면서 타인과 연결되는 방법을 모색한다. 물론 누군가의 상처를 들여다본다고 해서 곧장 상대방을 끌어안지는 못한다. 도리어 어찌할 줄 몰라 무기력해지기 십상이다. 하지만 신중하게 손수건을 내밀려 한다. 울고 있는 그대에게 건네는 손수건은 결국 나의 눈물을 훔친다.

더 이상 칭얼거리는 아이의 상태에 머물 순 없다. 타인의 슬픔을 어루만져줄 수 있는 어른으로 성장하고 싶다. 아래 문장은 스스로 대견할 만큼 잘 썼다고 생각하고, 진실이라고 믿는다. 그대도 천천히 음미하면서 읽어주길.

진실하게 사랑하면 자유로워진다. 타인을 위해 마음을 쓸수록 마음이 치유된다. 타인이 행복하면 덩달아 행복해진다. 타인의 외로움을 안아주면서 자신의 외로움에서 벗어난다. 남에게 하는 행동은 결국 나에게 하는 행위이다. 모든 행동은 자기 자신에게 되돌아온다.

단무지의 철학

타인의 외로움을 끌어안으려는 마음을 갖기 전까지 외로움에 시달렸다. 외로움에 시달리면서 삶의 밑바닥으로 끌려 들어갔고, 그동안 생각하지 못한 그늘 속 진실을 만났다. 외로움이라는 어둠으로 들어가니 어둠에 파묻혀 있던 진실이 드러났다. 외로움 속에서 인식은 보다 명료해졌다.

그동안 환상 속에 머물러 있었다. 헛된 희망으로 상상한 나를 실제의 나로 착각했다. 믿고 싶은 세상과 세상의 진실은 같지 않았다. 이 모든 괴리가 고독 속에서 재조정되었다. 성장한다는 건 자신이 보고 싶은 대로 바라보는 게 아니라 그동안 인식하지 않으려 했던 진실을 수용한다는 뜻이었다.

평소엔 지나친 기대로 세상을 인식했다면, 고독할 때는 세상을 지나치게 어둡게 인식했다. 이것 역시 세상을 제대로 인식하는 것은 아니었지만 마음이 자라기 위해 겪어야 하는 성장통이었다. 나의 정신은 빛과 그늘을 아우르면서 나선을 그리며 상승했다. 관점의 상승을 통해 복잡한 세상을 그나마 좀 더 두루두루 헤아릴 수 있었다.

고독은 그저 고통이 아니라 삶의 진실을 되돌아볼 기회다. 정말 바라는 삶이 무엇인지 고독 속에서 차분하게 자문한다. 진실한 인생을 위해서라도 내면으로 시선을 돌릴 필요가 있다. 외로움을 따라 마음속으로 깊이깊이 들어가면 여러 감정을 만난다. 분노, 증오, 원망, 질투, 후회, 죄의식, 욕망 등등을 거쳐 끝에 이르면 슬픔이 기다린다.

우리는 모두 외로워 슬픈 존재이다. 자신의 외로움을 남들이 알아주지 않아서 슬프고, 외로움에서 벗어날 수 없어서 슬프다. 외로움의 슬픔을 맞이하는 시기와 과정만 다를 뿐, 우리는 모두 외로움의 슬픔을 맛보게 된다.

금성에서 자란 무에도 외로움의 슬픔이 배기 시작했다. 금성무가 되지는 못했지만 그래도 외로움의 슬픔이 배어들면서 맛있는 단무지가 되었다. 슬픔이 꼭 나쁘지만은 않았다. 단무지의 철학이 시작되었다.

김상봉은 사람이 슬픔 속에 있을 때 철학자가 된다고 이야기한다. 슬픔은 아픔이다. 아픔 속에서 사람은 드디어 나 자신에게 거리를 두고 "왜?"라는 탄식과 의문을 던진다. 아픔이 타인에 대한 원망이나 세상을 향한 분개가 아니라 인생에 대한 의문을 거쳐 나 자신에 대한 슬픔이 되었을 때 사람은 철학자가 된다.

바깥으로 향하던 날카롭고 격렬한 감정이 애틋하면서도 애잔한 슬픔으로 바뀌면서 나 자신과 화해했고, 인간을 온새미로 마주할 수 있었다. 기대와 환상 속의 인간이 아니라 외로워하면서도 자유롭기를 원하는 인간, 한없이 약하면서도 놀랍게도 강한 인간을 슬픔 속에서 알아갔다. 미움과 분노가 수그러졌다. 슬픔 속에서 번다한 욕망이 부질없어졌다. 슬픔에 흠뻑 젖은 덕분에 조금이나마 정화됐다.

슬픔 속에서 외로움을 탐구하다보면 저 멀리 죽음과 마주한다. 외로움은 죽음의 낌새다. 외로움을 통해 언젠가 끝날 인생을 생각하면 소란스럽던 마음이 고요해진다.

지성사에 한 획을 그은 마르틴 하이데거(Martin Heidegger)는 우리가 죽음을 향한 존재이고, 죽음의 가능성을 미리 달려가 보는 존재라고 설파했다. 인간은 죽음을 향해 달려가면서 세속에 찌든 비본래적인 삶을 끝내고 온전한 본래성을 열어 밝힐 수 있다고 하이데거는 열변을 토했다.

인생의 끝자락을 생각하면 허무하고 서글픈데, 죽음은 그동안 얽매여 있던 미련을 깨끗하게 털어내는 힘을 선사한다. 그리움이 불거지며 과거의 인연들이 떠오르더라도 차츰차츰 놓아준다. 죽음 덕분에 남들에게 잘 보이고자 억지로 하던 것들을 그만둔다. 정말 하고자 하는 일에 집중한다. 인생의 끝을 상상하면서 빚어진 슬픔은 인생에서 정말 중요한 게 무엇인지 알려준다. 진정한 삶은 소모적인 소동이 아니라 고요한 고독 속에서 시작된다.

죽음을 내면에 품기 전까지 사람은 타인의 시선에 사로잡힌 채 살아간다. 진실을 표현하기보다는 알랑방귀를 뀌고, 하고픈 일보다는 해야 한다고 부과된 일에 주력하며, 서로의 바람을 바라보며 시원한 관계를 맺기보다는 바람직한 관계를 미리 정해놓고 거기에 자신을 끼워 맞춘다. 그렇게 살기엔 너무나 짧은 인생이라는 진실을 임종할 때에야 깨닫는 것이 인간의 비극이다.

인생을 비극이 아닌 희극으로 마무리하고자 죽음을 고양이처럼 곁에 둔다. 죽음을 상상할 때 생겨나는 고독은 고양이와 비슷하다. 처음엔 날카로운 발톱으로 잠들어 있던 정신을 할퀴며 놀라게 만들지만 천천히 안겨와 얼굴을 부비면서 산뜻한 기쁨을 선사한다.

죽음을 통한 안식은 진실하게 산 사람에게만 주어진다. 죽음이 찾아오기 전까지 나를 넘어 그대에게로 나아가는 것이 인생의 목표이다.

삶이 첫째 아이라면 죽음은 늦둥이 둘째이다. 첫째가 잘 커갈 수 있게 최선을 다해 뒷바라지하면서도 곧 태어날 둘째를 잊지 않으려 한다. 늦둥이를 생각하면 활력이 샘솟는다. 내가 없어도 사랑하는 사람들이 행복하도록 아침밥을 부지런히 지어놓으려 한다.

노총각이 이런 문장을 작성하고 있으니 좀 남세스러워서 삭제할까 말까 고민이 들었다. 죽음을 생각했다. 거추장스러운 체면에서 벗어날 수 있었고, 그대로 남겨두었다.

여러 건강 연구결과나 인구통계를 보면, 노총각은 건강하게 오래 살기 어렵다. 죽음이라는 늦둥이가 너무 빨리 태어나지 않기를 바라지만 뜻하지 않게 일찍 찾아오면 기꺼이 받아들이겠다고 다짐해본다. 눈동자가 떨리는 건 숨길 수가 없다.

고독이 가르쳐준 것들

어느 조직이나 모임에 속하지 않은 채 공부했는데, 그래도 스승은 있었다. 외로움이라는 스승 말이다. 외로움은 나에게 많은 가르침을 전수했다. 특히, 인간관계에 대해 여러 가지를 알려줬다.

고독이라는 스승 밑에서 인간관계를 성찰해보니, 어떻게 사람들을 대해왔는지 선명하게 드러났다. 타인을 진심으로 품지 못했고, 그래서 외로웠다.

외로움은 타인을 품는 힘에 따라 달라지고, 타인을 품는 힘은 인간관계의 근육에 달려 있다. 인간관계의 근육이란 심리학자 가이 윈치(Guy Winch)가 『아프지 않다는 거짓말』에서 사용한 비유이다. 타인에게 감정이입하고 역지사지하면서도 진솔하게 자신을 표현하는 능력은 인간관계의 근육에 비례한다. 사람들과 친밀한 관계를 맺고 마음을 나누는 만큼 인간관계의 근육이 단련된다. 몸의 근육을 쓰지 않으면 점차 줄어들어 약골이 되듯 사회성과 공감능력도 사용하지 않으면 약화된다.

타인의 무게를 지탱하는 인간관계 근육이 약해서 외로웠다. 금성에서 자란 무처럼 튼튼해 보였지만 실상 바람이 숭숭 든 무였다. 뒤늦게라도 유치하고 나약하다는 진실을 깨달아서 다행이었다. 마음의 훈련을 통해 인간관계의 근육을 강화하고 있다. 타인을 받아주면서도 나를 표현하려고 노력하는 중이다.

근육이 알맞게 발달한 몸매를 갖고 있으면 자신감이 올라가는데, 아름다운 자태를 지녔다고 아무데서나 홀러덩 옷을 벗는 건 추태이다. 옷과 함께 맵시를 드러내는 일이 훨씬 우아하다. 자신을 표현하는 일도 비슷하다. 인간관계의 근육이 발달하면 자신을 드러내는 감각도 덩달아 발달한다.

자신을 막무가내로 표출하는 행동은 타인에게 부담스러운데, 지난날을 돌이켜보면 어린아이처럼 과시하곤 했었다. 옷의 상표, 아는 사람들, 여행장소, 음식취향, 선호하는 음악, 본 영화 등등을 자랑하느라 정신없었다. 물론 지나치게 우쭐거리는 건 유치하므로 대놓고 뻐기는 걸 삼가면서 에둘러 뽐냈다. 하지만 막무가내로 자랑하던 경우나 점잖게 으쓱해하던 모습이나 자기우월감에 도취되어 있던 건 비슷했다.

자기우월감을 반추해보면 그 대부분이 지극히 보잘 것 없었다. 냉철하게 진단하면 훌륭한 사람이라서 우월감을 갖고 있는 게 아니었다. 오히려 열등감이 심했기 때문에 근거 없는 자신감이 심했다.

열등감을 감추고자 우월감으로 자신을 과대 포장했다.

우월감을 갖는다는 건 타인을 자기 아래에 둔다는 뜻이었다. 자기우월감을 갖고자 남들을 업신여기기까지 했다. 자신의 노력으로 뛰어난 성과를 거두기는 어렵지만 남을 비하하는 건 쉬운 일이었다. 타인을 깎아내리는 판단만으로도 묘한 쾌락이 일었다.

불가리아 출신으로 영국과 터키 이중국적을 지니고는 독일어로 글을 써서 노벨문학상까지 받은 엘리아스 카네티(Elias Canetti)는 수많은 지역에서 온갖 사람들을 겪은 뒤 『군중과 권력』에 이렇게 촌평했다. 대다수 사람들이 그 무엇에도 흔들리지 않는 견고하고도 잔인한 쾌감 때문에 타인에 대한 판단을 멈추지 않는다고.

타인의 내밀한 소문에 흥분했고, 남들의 불행을 즐겼던 만큼 마찬가지로 누군가에게 뒷담화의 대상이 되었고, 구설수에 오르내렸다.

이런 어두운 심리를 표도르 도스토옙스키(Fyodor Dostoevskii)는 지하생활자를 통해 그려냈다. 지하생활자는 열등감이 심하기 때문에 타인을 미워한다. 남들을 굴복시키고자 고독 속에서 학식을 쌓아가던 지하생활자는 외로움을 견디지 못하고 친구를 사귄다. 하지만 권력욕에 도취되어 오만하게 굴고, 타인을 모욕하면서 자신의 존재감을 확인하려 든다. 지하생활자는 인간관계의 근육이 없어서 우정을 맺지 못한다.

지하생활자는 러시아 소설가의 상상에만 있지 않다. 현실에 많이 있다. 타인의 입장을 잘 헤아리지 못하는 사람들이 수두룩하다.

인간관계의 근육이 발달하기는커녕 자신의 감정이 어떠한지조차 제대로 파악하지 못하는 사람들이 부지기수이다. 곧 쓰러질 것 같은데도 왜 힘들다고 호소하지 못할까? 외로움을 느끼고 표현하는 일 자체가 경쟁에서 뒤처지는 일이기 때문이다.

요즘 많은 사람들이 지하생활자와 비슷하다. 젊은이들이 체격은 좋아졌지만 약골이듯, 인간관계의 근육 역시 흐물흐물하다. 배고픔에 굶주린 사람은 타인에게 무감각하듯 정서의 허기를 오래 겪은 사람은 자기밖에 모르게 된다. 그 가운데 몇몇은 높은 학업성취를 거두고는 괜찮은 직장을 얻을 수도 있다. 하지만 자신이 불행하다며 뒤늦게 방황하는 경우가 흔하디흔하다.

영어는 미국 본토박이처럼 구사하고, 컴퓨터는 현란하게 다루는데, 인간관계가 젬병인 윤똑똑이들이 많다. 자기 안의 유치한 욕망에 휘둘리는 지하생활자들이 타인의 위로 올라갈지는 모르지만 타인을 위로할 줄 모르고, 위로받으려고도 하지 않는다. 그들은 누구보다 싸늘한 외로움 속에서 살아간다.

우리는 경쟁에서 이기는 것만 배웠지 어떻게 사람들과 공감하고 어울려야 하는지 배운 적이 없다. 그렇다면 지금부터라도 절박하게 익혀야 하는 건 타인 옆에 앉아서 귀 기울이는 법, 자신의 마음을 진솔하게 전하는 법일지도 모른다. 지극히 자연스러운 일들이지만 그동안 우리가 잃어버린 체험이다.

남자의 고독, 여자의 고독

세상이 경쟁을 강요하며 자기밖에 모르는 인간으로 키웠다고 해서 자신에게 책임이 없는 건 아니다. 세상 탓만 하는 건 결국 인생을 책임지지 않으려는 투정이고, 자신이 세상의 꼭두각시라는 씁쓸한 고백이다. 고독에서 벗어나려면 그동안 주입된 망상과 스스로 싸워야 한다. 자기세계에 갇힌 죄수거나 이기심에 먹혀버린 미치광이가 되고 싶지 않다면.

세상엔 공감능력이 파괴된 사람들이 있고, 그들은 잔악한 일을 저지르면서 세상을 경악하게 한다. 자신의 말과 행동이 타인에게 어떻게 받아들여질지 가늠하지 못하는 건 그 자체로 불행이다.

공감이 건강한 삶에 필수요건이라면 모두가 공감능력이 최고조로 발달해야 할 텐데, 사람마다 차이가 난다. 사회에서 경쟁이 과열되면서 사람들의 공감능력을 저하시키는 압력이 가해지더라도 적지 않은 사람들이 건강한 공감능력을 갖고 있다. 현대로 오고 지구마을이 더 긴밀하게 연결될수록 공감능력의 평균치가 더 향상되고 있다는 연구도 있다. 그렇다면 공감능력의 차이는 왜 발생할까?

대자연이 다양성을 구현하기 때문이다. 같은 부모 아래서 태어난 자매형제들도 차이가 있다. 유전자가 똑같은 일란성쌍둥이도 약간 다르다. 유전자가 동일한 걸 넘어 신체도 공유해서 동일한 성장환경에서 살아가는 샴쌍둥이조차 서로 다르다. 인간은 스스로 차이를 만들어내는 존재이다. 공감능력은 유전되는 요인이 있더라도 각자의 삶에서 경험과 체험에 따라 상승하기도 하고 퇴보하기도 한다. 이런 이유로 인간이라면 일정하게 가진 공감능력도 사람마다 다양한 수준으로 형성된다.

공감능력을 살펴다보면, 성별에 따른 분명한 차이가 눈에 띈다. 성별의 차이는 원초적인 차이이자 기나긴 세월동안 남녀가 달랐기 때문에 생겨난 역사적 차이이기도 하다.

여성은 새로운 생명을 낳고 키운다. 말도 못하는 젖먹이를 돌보기 위해 공감능력이 향상되었다. 게다가 과거에 육아는 집단으로 이뤄졌고, 여자는 다른 여자들과 잘 지내야만 아이 키울 때 도움 받을 수 있었다. 그 결과 여자는 친밀한 인간관계에 관심이 많고 공감능력도 좋다. 모든 여자가 타인의 감정을 헤아릴 수 있는 건 아니고 역지사지하는 능력이 뛰어난 남자들도 많지만, 공감능력의 평균치는 여성이 남성보다 확연히 높다.

남자는 동물을 사냥하고 이웃 부족과 전쟁할 때 공감능력이 뛰어났다면 오히려 불리했을 것이다. 상대에게 공감하지 못해야 폭력을 휘두를 수 있다. 남자들은 자신의 여린 감정을 표현하기보다는 외면했다. 강인한 남자 조상들이 살아남았고, 그들의 후예인 현대 남자들도 주먹으로 벽을 치면서 외로움을 잊으려 한다. 남자들은 타인에게 자신의 외로움이 노출되는 걸 마치 전쟁에서 패배한 것처럼 수치스러워한다. 타인에게 외로움을 표현하기는커녕 자신이 외로운 줄도 모른 채 고독 속에서 망가지는 남자들이 부지기수이다.

고독에 대응하는 방식은 성별에 따라 사뭇 다르다. 여자들은 친밀한 관계를 중시하는 만큼 외로움에 힘들어하며 큰 타격을 빈다. 상담을 신청하고, 우울증을 호소하는 대다수의 성별은 여성이다. 반면에 남자들은 고독을 대범하게 견디는 것처럼 보이는데, 대뜸 범에 물린 것처럼 쓰러진다. 통계를 보면, 전 세계 어디든 전 세대에 걸쳐서 남자가 훨씬 많이 자살한다. 고독사하는 사람도 대부분 중년 남성이다. 수많은 남자들이 타인과 연결되지 못한 채 외로이 죽어간다.

인간이 내면의 다양성을 인정하고 조화로이 통합하면서 성장하듯, 외로움이라는 스승은 성별의 틀에 고착되지 말라고 가르친다. 여성이라면 자신의 모든 외로움을 미주알고주알 꼭 토로해야 한다는 강박에서 벗어나 남자처럼 의연하게 감정을 다스리려고 노력할 때 성장한다. 남성이라면 괜히 강한 척하면서 자기 안의 외로움을 짓이기려고 하기보다는 여성처럼 감정을 생생하게 표현하려고 노력할 때 성장한다.

남자들이 여자들과 속마음을 나누면 훨씬 행복해질 텐데, 남자들은 좀처럼 속마음을 밝히지 않으면서 자신도 외롭고 곁에 있는 여자도 외롭게 만든다. 답답해하는 여자들의 분통소리가 세계 곳곳에서 울려 퍼진다. 왜 남자는 여자에게 마음을 터놓지 않는 것일까?

그 이유를 여성학계의 대모 벨 훅스의 사례를 통해 어림짐작할 수 있다. 벨 훅스와 함께 살던 남자는 성평등을 지지했고, 임금차별에 반대했으며, 가사분담을 실천했다. 하지만 벨 훅스가 원하는 만큼 자기감정을 드러내는 데 서툴러서 둘 사이에 불화가 생겼는데,

이건 그 남자만의 잘못은 아니었다. 벨 훅스는 남자에게 감정을 드러내라고 요구하고서는 정작 남자가 자신의 고통을 드러내 보이면 언짢아했다. 젊은 날의 벨 훅스가 원한 건 자신에 대한 끝없는 사랑 표현이었을 뿐이다. 벨 훅스는 자신이 각성한 페미니스트였으면서도 약한 면모를 드러내는 남자를 견디기 어려웠다고 고백했다. 자신이 의지하는 남자가 강인하다는 믿음이 붕괴됐기 때문이었다. 벨 훅스만이 아니다. 남편을 데리고 상담실을 찾은 아내들은 상담가에게 남편이 숨겨온 고통을 토로하면 눈물을 글썽이면서도 속으로 실망한다.

남자가 여자에게 속마음을 알리지 않으려는 건 합당한 이유가 있는 셈이다. 여자가 자신에게 실망하고 떠날까 두려운 남자는 자신의 고통을 고독하게 견디며 입을 다문다.

손뼉도 마주쳐야

앞에서 언급한 성별에 따른 감정표현의 차이는 우리가 살면서 경험을 통해 어느 정도 아는 내용이지만, 이렇게 정리된 설명은 낯설 수 있다. 그만큼 우리는 여성과 남성의 차이에 대해 제대로 알지 못하고, 이런 차이를 존중하면서 어떻게 평등하게 관계를 맺어야 하는지 배우지 못했다. 인간관계가 앙상하고 엉성할 수밖에 없는 이유이다.

시간이 한참 지나 뒤돌아봐야만 보이는 것들이 있다. 인간관계의 갈등도 시간 속에서 진실이 드러나곤 한다. 고독 속에서 끊어진 인간관계를 되돌아볼 때마다 당시에는 외면했던 자신의 잘못을 뒤늦게 직면하게 된다. 순전히 상대가 악마라서 부딪친 게 아니다. 자신이 천사라는 믿음이 상대를 악마로 인식하게 만든다. 손뼉도 마주쳐야 소리가 난다는 속담은 오래 곱씹을 만한 경구다.

인간을 잘 몰라서 인간들과 부딪쳤고, 실망과 상심은 필연처럼 들이닥쳤다. 일단 대립이 생기면 상대를 미워하면서 자신을 정당화하는 데 온힘을 쏟았다. 특히 정치나 종교처럼 설득이 이뤄지기 어려운 분야에서 논쟁을 벌였고, 상대의 말을 경청하기보다는 상대의 마음을 아프게 하는 데 주력했다. 이미 정답은 정해져 있었고, 그 정답이 아닌 답을 하는 사람들을 속으로 무시했다.

학교에 다닐 때 하루는 동기가 책을 추천해달라기에 『네 무덤에 침을 뱉으마』를 권했다. 이 책을 쓴 진중권은 조갑제의 『내 무덤에 침을 뱉어라』의 내용을 인용하면서 한국사회에 깔려 있는 집단주의와 폭력성을 풍자했고, 독재자를 미화하고 찬양하려는 사람들의 정신을 비평했다.

그런데 동기는 추천서의 제목을 잘못 알아들었고, 『내 무덤에 침을 뱉어라』를 읽고 와서는 박정희에 대해 다시 생각하게 되었다면서 고맙다고 했다. 어떻게 박정희를 다시 생각할 수 있는지 어이가 없었다. 허약하게 오만한 사람은 자신과 다른 상대를 마주했을 때 진지하게 대화하면서 자신을 돌아보기보다는 손쉽게 상대를 무시하는 쪽을 택하기 마련이다. 허약하게 오만했던 젊었던 시절엔 박정희를 단순하게 악마라고 매도했고, 박정희 시대를 살아온 사람들의 복잡한 감정을 헤아리기보다는 앞 시대를 몽땅 부정하려 했다. 빛과 그늘이 뒤섞인 역사를 수용하는 건 괴로운 일이니까.

독재권력에 길들여져 뒤틀린 한국사회를 비판한다고 여겼지만 돌이켜보면, 분노와 어리석음과 오만함으로 뒤엉킨 채 타인을 정죄하던 시절이었다. 광화문에서 태극기를 흔드는 노인들과 정치신념은 반대방향이었지만 속살은 그리 다르지 않았다. 독선과 고집이 한가득했다. 어쩌면 내면의 문제들을 직면하지 않고자 외부를 문제 삼아왔는지도 모른다. 바깥의 사람들을 문제 삼으면서 비판하면 마치 나는 아무런 문제가 없는 것 같은 착각이 일어나니까 말이다.

정답이라고 믿고 있는 바와 조금이라도 다른 걸 생각하는 사람들을 싫어했고, 그럴수록 사람들과 멀어졌다. 독선은 고독으로 가는 지름길이었다. 자신이 틀리지 않았다고 믿었던 만큼 남들이 틀리다고 판단할 수밖에 없었고, 그렇게 외로워졌다. 무언가 잘못되었다는 걸 고독 속에서 처절하게 느꼈다.

고독이라는 악몽 같은 악동(惡童)과 더불어 조금이나마 달라질 수 있었다. 외로움이라는 악동은 조용하지 않았다. 끝없이 자극을 줬다. 악동 같은 외로움에 시달리는 시간은 악몽이었지만, 나를 반성하는 과정이기도 했다.

고독은 타인을 향하던 손가락을 나에게로 돌리게 만들었고, 성찰의 고통을 선사했다. 상대에게만 잘못이 있는 줄 알다가 내가 편협해서 타인을 받아들이지 못한다는 걸 깨달았다. 평소라면 인식할 수 없었던 생각이 고독과 함께 찾아왔고, 차이를 불청객이라고 내 쫓을 게 아니라 환대해야 한다는 생각이 들었다.

색깔이 다른 사람들과 교류하면 존재의 크기는 웅숭깊어진다. 인간의 성숙은 타인을 얼마나 품어내느냐로 측정할 수 있다. 정치 성향이나 종교나 취향이 다른 사람을 대하는 태도에서 한 인간의 크기가 드러난다.

날마다 혼자 있는 주제에 이런 글을 쓴다고 그대가 나무란다면 그대는 나의 친구라고 소개할 것이다. 그대가 아니라고 손사래를 치면 동공지진이 일어나겠지만 그렇다고 화장실에 가지는 않을 것 이다. 이제 고독을 좀 즐길 줄 알고, 나와 다른 그대와 천천히 친해 져갈 것이다.

타인에게 친절한 사람이 될수록 외로움이 줄어든다고 믿으면서 오늘도 옹졸함에서 벗어나려 노력한다. 그대가 어떠한 사람이건 경 청할 준비가 되어 있다.

그대여, 화장실에 들어가지 말고 내게 오라.

나이 먹을수록 고독해지는 이유

세상엔 종교나 정치성향 그리고 성별 말고도 타인과 깊게 사귀지 못하게 가로막는 장애물이 많다. 인간이 인간과 긴밀하게 엮이면서 마음이 열리는 과정은 언제 어디서나 힘겨운 일이지만, 특히 한국 에서 유난히 힘들다. 한국은 워낙 연령과 지위에 따른 상하관계가 공고해서 또래에다가 비슷한 계층이 아니고서는 친해지기 어렵다.

상하관계에 대한 강박 때문에 한국말엔 존대어법이 복잡하게 발달되어 있다. 영어에선 나이나 지위가 다르다고 해서 문법체계가 달라지지 않는다. 경칭하고자 한다면 마지막 말에 '예스, 써(yes, sir)'를 붙이는 정도다. 반면에 한국말엔 존대어법이 골치가 아플 만큼 변동한다.

존대어법의 사용도 위계에 따라 작동한다. 프랑스어에도 존대어법이 있는데, 쓰임새가 한국과 딴판이다. 그들은 나이가 많고 지위가 높은 사람에게 존댓말을 쓰지 않는다. 자신과 가깝지 않은 사람에게 존댓말을 사용한다. 나이가 많아도 자신과 잘 알고 지내는 사람이면 서로 평어를 쓴다. 반면에 한국에서는 나이와 지위에 따라 존댓말과 반말을 엄격하게 나누어 사용한다.

한국에서는 나이에 따른 존댓말 역시 좀 우습게 결정된다. 예컨대 이인은 1983년 4월에 태어나서 1983년 8월에 태어난 사람과는 서로 말을 놓는 데 수월한 반면 1982년 12월에 태어난 사람은 이인을 손아래라고 여기며 이인으로부터 존댓말을 들으려고 할 가능성이 높다. 둘 다 출생간격이 4개월로 동일한데 인간관계에서는 확연한 차이가 생긴다. 또한 1983년 2월생은 이인보다 교육과정을 1년 먼저 배운 선배지만 사회에 나와서는 같은 83년생으로 묶이면서 동갑이 된다. 그래서 1983년 2월생과 1982년 12월생 그리고 이인이 한자리에 있으면 복잡한 기운이 감돈다. 게다가 재수했다거나 친구의 친구라거나 하면 서열정리는 한층 복잡해진다.

죽음으로 다 같이 가는 사이에서 몇 살 정도는 대수롭지 않게 어기면서 존대엔 존대로, 평어엔 평어로 대하는 편이다. 그 결과 나이가 많은 사람들이 살짝 당황하기도 했지만 워낙 금성에서 자란 무같이 생겨서 그런지 딱히 갈등은 없었다. 되레 나이가 어린 사람들이 존댓말을 들으면 불편해했다. 말을 같이 놓자고 하면 어떻게 그러냐면서 극구 존댓말을 했다. 이런 일이 생긴 건 금성에서 자란 무이기 때문만이 아니다. 우리가 평소에 다양한 사람들과 가지런한 인간관계를 맺어본 적이 없기 때문이다.

한국에서는 존대어법과 아울러 위계의식 때문에 동년배가 아니고서는 친구가 되기 쉽지 않다. 주위를 둘러보니 나이차가 있는 친구가 하나도 없다는 사실에 소스라친 적이 있었다. 세상에 사람이 이렇게 많은데 여태껏 동갑들과만 친하게 지냈다. 그대도 자주 어울리는 사람들을 떠올려보라.

인간관계의 협소함은 우리에게 주입된 왜곡된 도덕규범 탓이 크다. 김상봉은 『도덕교육의 파시즘』에서 한국의 도덕교육이란 윗사람들에게 순종하게 만드는 세뇌였다고 설파한다. 한국에서 예의란 인간을 존중하는 태도가 아니라 권력 앞에 사람을 고분고분하게 만드는 통치기술이다.

동방예의지국이라면서 나름의 자부심이 한국사회에 서려 있는데, 그 자랑스러운 예의가 윗사람에게만 행해진다. 아랫사람에게 예의를 갖춰야 한다는 감각 자체가 결핍되어 있다. 예의규범을 잘 익힌 결과, 윗사람에겐 깍듯한데 아랫사람의 마음은 사정없이 깎아내린다. 상대방이 자신보다 낮은 사람이라고 판단하면 그래도 된다고 믿기 때문에 그런 짓을 하는 것이다.

다른 나라로 여행가거나 유학가거나 이민 간 한국인들은 잘 모르는 사이인데도 인사를 주고받는 이국의 사회문화에 신선함을 느낀다. 하지만 한국에서는 이웃에게조차 인사 한마디 건네지 않기 일쑤이다. 눈높이를 맞추면서도 품위 있게 인간관계를 맺는 예법이 부재하기 때문이다. 타인을 자신과 동등한 사람으로 인식하기보다는 자신보다 위인지 아래인지 강박적으로 확인하고 그에 맞춰 대응할 뿐이다.

수직관계는 우리를 외롭게 만든다. 수직관계에서는 명령과 복종만 있다. 인간은 수평관계에서만 온전하게 사귈 수 있다. 상대를 평등하게 대한다는 건 자신을 소중히 여기는 만큼 상대를 귀하게 여기는 마음씨의 표현이다. 비루한 사람일수록 타인을 함부로 대한다.

자신보다 어리거나 지위가 낮은 사람을 존중한다는 인식이 전무하다 보니 나이가 어린 사람과 친구가 되고 지위가 낮은 사람에게서 배운다는 발상 자체가 봉쇄되어 있다. 한국에서는 인간과 인간이 눈높이를 맞추며 대화하겠다는 마음가짐이 기본소양이 아니라 특이 성향처럼 되어버린다. 나이 먹을수록 외로워질 수밖에 없는 사회구조적 원인이다.

사람 사이를 연결하는 진정한 예의가 무엇인지 고민하면서 인간관계를 바꾸면 외로움이 한층 줄어든다. 사회 곳곳으로 민주화가 진행되면서 평등한 예법이 확산되고 있는데, 확산속도는 우리가 주위에 있는 사람을 대하는 태도에 달려 있다. 민주화가 진진되고 평등의식이 깊어지는 만큼 나이와 지위를 넘어 인간관계가 풍부해질 테고 우리의 외로움은 줄어들 것이다.

예의와 진실한 정념

인간끼리 진정한 예의를 갖추는 과정에서 고민해볼 게 있다. 바로 마음의 벽이다.

인간의 마음엔 어느 순간 더 이상 다가오지 못하게 가로막는 벽이 있다. 멀리서는 마음의 벽이 잘 보이지 않는다. 가까이 다가가다가 부딪치면서 알게 된다.

사람들은 저마다 타인이 접근할 수 있는 한도를 설정해둔다. 마음의 벽을 대놓고 내보이면 타인이 싫어하므로 우리는 마음의 벽을 예의로 위장한다. 사회와 인간의 관계를 면밀하게 연구한 철학자 조지 허버트 미드(George Herbert Mead)는 예의규범이란 자신을 드러내 보이지 않으려는 방어법이라고 지적한다.

예의란, 세련된 도시인의 교양이자 사람들에게 거리를 두는 방편이다. 누군가와 더 친해지고 싶지 않을 때 격식을 차리면 된다. 예의규범은 자신의 정념이 불거지지 않도록 감시하는 동시에 타인의 끈적거리는 감정도 드러내지 못하도록 제어하는 요령이다. 우리는 자기 안으로 상대를 들이고 싶지 않을 때 격식을 차린다.

예의규범은 사람과 사람 사이를 연결하지만 그 연결통로가 너무나 좁아서 그 사이로 마음이 통과하기 쉽지 않다. 다들 예의규범을 준수하는데, 이상하게 외로워진다. 무례한 행동을 조장할 수는 없지만 예의규범이 고독이 조장한다는 점을 간과해서는 안 된다.

인간은 예의규범을 존중하면서도 마음의 벽을 넘어 속사정을 나눌 수 있을 때 사이가 깊어진다. 깊은 교제는 합리성으로만 이뤄지지 않는다. 합리성과 함께 비합리성에 가까운 진실한 정념도 나눠야 친해진다.

현대인은 합리성을 신봉하며 살아간다. 그러다 보니 자기 안의 비밀을 들키면 큰일 난다는 불안에 시달린다. 자기 안의 세계로 타인을 초대하지 않을뿐더러 예의규범이라는 엄격한 국경감시대가 타인의 입국을 철저하게 가로막다 보니 늘 외로움에 떨면서 떨떠름한 표정이 된다.

진실한 감정을 분출하기가 어렵다. 자신이 고뇌하는 문제를 꺼내는 건 예의규범에 어긋난다. 상대에게 심려를 끼치는 일이다. 게다가 인생의 의미를 고민하는 기색을 내비치면 상대를 거북하게 만든다. 이런 고민을 하지 않고 대충 살아가고 있는 거 아니냐는 채근처럼 느껴지기 때문이다. 진지하게 대화하려는 시도는 그저 웃고 즐기며 살아가려는 사람들을 모욕하는 행동처럼 되어버린다.

이런 사정으로 마음의 벽을 넘어서기가 힘들고, 외로움은 지속된다. 외로움을 떨쳐내려면 진실을 예쁜 그릇에 담아서 사람들과 나눠야 한다.

외로움에서 벗어나고자 그대에게 진실을 전하려 애쓰고 있는데,

쓸데없는 애기를 시시콜콜하게 늘어놓은 거 아니냐며 합리성이 등장해 검열하려든다. 합리적인 검열관을 다독이면서 그동안 외로웠던 원인은 바로 지나친 합리성, 바로 당신 때문이 아니냐고 묻는다. 녀석은 말이 없다.

머쓱해하면서 어쩔 줄 모르는 합리성을 화장실에 들여보낸다. 흐느끼는 소리가 들린다. 한참 후에 문을 열고 나온 합리성은 예전보다 한결 편안해 보인다.

착해야 한다는 강박

외로움과 진실은 꽤나 깊은 관련이 있다. 그런데 앞서도 이야기했듯 진실에는 불편하고 불쾌한 구석이 있다. 바로 그렇기 때문에 진실이 부담스럽지만, 이러한 불편과 불쾌를 감내하면서 인간관계가 깊어진다. 신뢰의 관계란 서로의 진실 속에서 형성된다.

많은 사람들이 착하게 행동한다. 타인에게 괜찮은 사람이라는 평가를 받고 싶기 때문이다. 착하게 행동해서 좋은 사람이라는 평판이 생기면 타인들이 곁에 있어줄 테고, 그럼 외롭지 않을 거란 기대가 우리를 착하게 행동하게 만든다. 정말 착한 사람이 되는 것보다 착한 사람으로 보이는 데 열중한다.

그런데 착해야 한다는 강박은 외로움의 원흉 가운데 하나다. 좋은 평가를 받고자 착하게 하는 행동은 위선이다. 위선은 나쁜 짓을 하는 것보다야 백 배 낫지만, 위선이 우리를 외롭게 한다는 삶의 진실을 잊지 말아야 한다.

착하기만 한 사람은 타인에게 의구심을 갖게 한다. 상대에게 잘 모르겠다는 느낌을 준다. 매력도 별로 없다. 착하기만 한 사람은 타인과 깊은 관계를 맺기 어렵다. 착하기만 한 사람은 나름 괜찮은 사람일지 몰라도 진실하게 자신을 표현하지 못하는 마음이 편찮은 사람일 가능성이 높다.

실상을 드러내면 타인들이 싫어할까 봐 두렵긴 하지만, 상대 역시 불안 속에서 가면을 쓰고 있다. 가면을 쓰고 겉도는 관계는 외롭다. 함께 가면을 벗고 서로의 맨얼굴을 마주볼 때 외로움은 바람을 쐬러 어디론가 나간다.

착함이라는 가면 뒤의 진실을 나누면서 신뢰가 형성된다. 마음 속 깊은 곳까지 개방하면 용기를 낸 사람도 성장하지만, 그 용기에 감응한 상대에게도 커다란 선물이다. 상대 덕에 자신을 드러내 보일 수 있는 기회가 생겼으니 말이다.

진실한 인간관계의 첫 단계는 착한 척하지 않고 강한 척하지 않고 외롭지 않은 척하지 않는 것이다. 약점을 감추느라 급급해하면서 자신이 괜찮은 사람인 척 연기하기보다는 진솔하게 자신을 표현할 때 마음이 가벼워지고 타인을 대할 때 생생해진다.

이때 화장실에 간 기억을 까먹은 합리성이 다시 나타나 약점을 이용당할 위험이 있다면서 가면을 벗지 못하도록 막는다. 어쩌자고 자기 얘기를 검열하지 않고 내보내느냐고, 상대를 어떻게 믿을 수 있느냐고, 나중에 후회할 거라고, 이의제기를 한다. 일리가 있다. 합리성은 고통을 방지하고자 충직하게 나를 보호하려 한다.

하지만 바로 그렇게 보호한 결과 외로운 거 아니냐고 나지막하게 반론을 낸다. 약점을 철저하게 감춰서 상처는 덜 받았는지 모르지만 외로워서 화장실에 자주 들락날락한 거 아니냐고, 취약점을 드러내 보이는 건 어리석은 일일 수도 있지만 서로의 취약점을 공유하면서 친해지는 계기가 될 수 있다고, 완전하지 못하다는 진실을 인정하고 타인에게 기댈 수 있는 사람만이 상대에게 기댈 수 있도록 어깨를 내어준다고. 그렇게 서로가 서로를 포옹하고 포용하면서 외로움이 누그러지는 거 아니냐고 합리성에게 말한다.

내가 그렇게 합리적이지만 않고 그렇게 독립적이지만 않으며, 그렇게 강하지도 않다고 털어놓자 합리성은 흠칫 놀란다. 합리성은 자기 스스로 화장실로 향한다. 물 트는 소리가 난다. 하염없이 이어지는 물소리엔 훌쩍이는 소리가 희미하게 섞여 있다. 수도요금이 살짝 걱정되지만 기다린다.

화장실에 한참 있다가 나온 합리성은 한결 성숙해 보인다. 그동안 합리성 옆에는 독립성이 찰싹 붙어 있었다. 독립성의 지도에 따라 합리성은 개인의 자유를 추구하라고 몰아붙였다. 그 덕에 어느 정도 자유로워졌지만 독립성이 지나쳐 독이 되었고, 고독한 나날이 이어졌다. 외로움은 독립성이 과잉되어 생겨난 부작용이었다.

화장실에 두 번 들어갔다 온 합리성 옆엔 독립성이 여전히 붙어 있는데, 반대편에 친절이란 새로운 친구가 합리성의 손을 잡고 있다. 그동안 독립성을 추구한답시고 주먹을 꽉 쥔 채 누군가와 손잡는 법을 잊어버렸던 합리성의 놀라운 변신이다. 타인에게 부담을 조금도 주지 않으려 하면서 오히려 더 부담스러웠던 합리성이 좀 서글서글해졌다. 독립성에 대한 강박은 좀 누그러졌다. 이제 독립성만 추구하는 합리성이 아니라 사람들과 어우러지는 합리성으로 성장했다. 화장실은 훌륭한 학교였다.

인간은 서로에게 영향을 주고받을 수밖에 없고, 어느 정도의 부담을 함께 짊어지면서 인간관계가 깊어진다. 책임감이 짐짝처럼 느껴진다고 몽땅 치워버린다면, 관계 자체가 제대로 형성되지 않는다.

상대에게 부담되지 않고자 각자 자신을 챙기려는 태도가 현대인의 바람직한 윤리처럼 되었다. 훌륭한 자립정신이지만, 고독의 원인이기도 하다. 지나친 독립성은 타인을 자신의 세계에서 밀어내고 자신을 고립시키면서 인간성을 훼손한다.

사람(人)이라는 한자어도 두 사람이 서로 기대어 있는 모습이듯 사람은 서로에게 기대어 있는 존재이다.

단 하나의 사치

인간세상은 서로가 어울리며 서로에게 의지하는 곳이다. 수많은 단체와 모임이 형성되어 있고, 서로가 도움을 주고받는다. 세상이 좀 차갑긴 해도 따뜻한 구석이 여기저기 많다.

조금만 둘러봐도 수많은 모임이 어서 오라고 손짓한다. 현대사회에서 누군가를 만나는 일은 그리 어렵지 않다. 다만 마음 속 깊은 곳까지 터놓는 교우관계를 맺기가 쉽지 않을 뿐이다.

사상가 함석헌은 〈그 사람 가졌는가〉라는 시를 통해 물었다. 만리 길 나설 때 가족을 맡기고 마음 놓을 수 있게 해주는 사람이 있느냐고. 온 세상이 나를 내쳐서 지독히 외로울 때 자신을 믿어주는 사람을 가졌느냐고. 이 세상을 떠날 때 저 사람이 아직 남아 있다는 생각에 빙그레 웃으며 눈 감을 수 있게 해주는 사람을 곁에 두었느냐고. 온 세상이 찬성해서 자신도 휩쓸리려고 할 때 가만히 머리를 흔들고는 단호하게 아니라면서 유혹을 물리쳐주는 사람을 알고 있느냐고.

함석헌의 물음에 그렇다고 답할 수 없었고, 누군가에게 그런 사람이 되어주지도 못했다. 부덕의 소치였고, 인생의 수치였다.

진실하게 좋은 친구가 없다는 사실은 불편한 질문을 던졌다. 좋은 사람이 아니기 때문에 좋은 사람들이 다가오지는 못한 거 아니냐는 불쾌한 물음이었다.

애인이 없다는 말은 자조 섞인 웃음과 함께 푸념처럼 꺼낼 수 있지만 친구가 없다는 말은 넉살스레 드러낼 수 없다. 친구가 없다는 말은 인간으로서 실격이라는 공개선언 같기 때문이다. 그런데 고백하려 한다. 진정으로 마음을 나누는 친구가 없다고.

친구가 없다는 자각은 명치를 맞은 것처럼 아프지만, 한편으론 후련하다. 앞으로 과제는 벗을 찾는 일이고, 사람들에게 믿음직한 동무가 되어주는 일이 될 것이다. 좋은 친구를 찾기 위해서라도 자기 자신을 보호한다는 명목으로 타인을 경계하던 울타리를 낮추고는 진솔하게 교류하고자 노력할 것이다.

깊고 진한 인간관계의 향유만이 우리가 누릴 수 있는 진짜 기쁨이라고 고독은 가르친다. 고독의 가르침을 알베르 카뮈(Albert Camus)도 배웠다. 카뮈는 『시지프 신화』에서 사치에는 인간관계의 사치라는 단 하나의 사치가 있을 뿐이라고 서술했다.

인간관계의 부유함이라는 잣대로 보면, 찢어지게 가난한 최하위 극빈층이었다. 인간관계가 헐겁다 못해 헐어버렸다. 인간관계의 가난은 그 자체로도 혹독한 고통이었지만, 추억을 만들어내지 못하는 고통도 더해졌다. 뒤돌아보면 추억이 궁했다. 세월이 증발한 것만 같다. 기억은 언제나 타인과 함께할 때 강렬하게 생성된다.

타인과 친해지는 건 말처럼 쉬운 일이 아니겠으나 마음의 문을 열고 주단을 깔아놓은 뒤 그대에게 초대장을 보낸다.

그대여, 어서 오라. 그대를 위해 맛있는 단무지와 풍성한 대화거리가 준비되어 있다. 무엇보다 그대를 받아들이고자 마음이 활짝 열려 있다. 즐거이 오라. 화장실 밖으로 나와서 사뿐사뿐 그대에게 다가가겠다.

마음을 달구는 유혹자

초대를 거부해도 괜찮다. 괜찮다는 말을 믿어도 좋다. 친구란 믿음직한 사람이다. 영혼의 집으로 초대해서 속마음을 얘기해도 그 여린 속내를 소중히 다루리란 믿음이 있어야 좋은 벗이다.

인간은 믿음직한 사람이 옆에 있기를 원한다. 누군가와 깊은 관계를 맺고 싶은 건 지극히 자연스러운 본성이다. 코로나19가 고통스러운 까닭도 믿을 만한 사람들과 어울리고 싶은 본능이 충족되지 않기 때문이다. 예전처럼 각별한 사람들과 살갑게 만날 기회가 줄어들면서 외로움이 폭증한다.

이메일과 문자, 전화와 영상통화 등등을 통해 타인과 연락하며 지낼 수 있어도 뭔가 부족하다. 화상원격회의를 통해 업무를 처리할 수 있고 영상통화로 인간관계를 유지할 수 있는데도, 우리는 중요한 사안이 있을 때 같이 밥 먹고 차를 마시면서 대화하려 한다. 인간은 타인과 온전히 마주하고 싶어 한다.

몸과 몸이 닿아야만 신뢰감이 생긴다. 훌륭한 사람이라고 귀에 못이 박이도록 들었어도 가까운 거리에서 말을 섞지 않으면 타인을 온전히 신뢰할 수 없다. 인간은 몸이 있기 때문에 타인의 육체성을 실제로 느껴야만 안심한다.

같은 시공간에 있는 두 사람 사이에선 공명이 일어난다. 나는 그대에게 스며들고 그대는 내게 배어든다. 처음엔 낯설더라도 시간이 지나면 그대의 기분과 분위기에 익숙해지고 그대 역시 나의 체취에 편안함을 느낀다. 신뢰란 상대에 대한 이성적 판단이자 오랜 시간을 함께하면서 생겨난 감정적 친숙함이다. 두 존재 사이의 공명은 반려동물과도 일어난다. 처음엔 어색하더라도 시나브로 두 존재 사이에 기운이 오가면서 편안한 신뢰가 생긴다.

인간은 자신의 몸 가까이 다가와 부드러이 만져주는 타자를 신뢰한다. 편안하고 익숙한 사람이 곁에 있으면 엄마 품에 안긴 아기처럼 안도할 수 있다. 가까이 다가가도 편안할 수 있으려면 여러 계절을 함께 통과해야 한다. 겨울바람과 봄의 햇살과 여름의 비를 머금고 가을 열매가 열리듯 신뢰는 시간을 통해 영글어간다.

외로움은 누구 하나 믿을 수 없다는 신뢰의 결핍이다. 외롭다는 건 누군가에게 의지하는 일을 두려워한다는 뜻이다. 타인에게 기댈 줄 모르니 자기밖에 의지할 데가 없다. 어쩌면 당당해 보일지도 모른다. 그러나 두 주먹 불끈 쥐고 홀로 걸어가는 뒷모습은 씩씩하기보다는 쓸쓸하다. 이 막막한 인생살이를 동행자 없이 헤쳐 가는 건 너무나 외로운 일이고, 얼마 못 가 주저앉는다.

삶의 굽이굽이마다 그리고 삶의 고비 고비에서 그대와 진솔하게 이야기 나누고 싶다. 그대와 서로의 눈을 들여다보면서 진실을 나눈다면 좀 더 씩씩하면서도 싹싹하게 외로움을 견디며 앞으로 나아갈 수 있을 것이다.

같이 놀 사람은 흔하다. 하지만 삶의 고독과 우울을 나눌 수 있는 벗은 귀하다. 자신의 생각을 이러쿵저러쿵 입방아를 찧더라도 튼튼한 모루처럼 흔쾌히 받아주는 동무가 그립다. 철학자 루트비히 비트겐슈타인(Ludwig Wittgenstein)은 『논리철학논고』에서 현실과 일치하는 명제를 정확하게 사용하고 말할 수 없는 것에는 침묵하라면서 기존의 철학 판도를 뒤집어놓았다. 하지만 비트겐슈타인조차 말도 안 되는 말을 장황하게 주저리주저리 할 수 있는 상대를 가장 그리워한다고 편지에 썼다. 비트겐슈타인은 시대의 천재라 불렸지만 인간관계는 형편없는 둔재였고, 고독은 평생 그를 에워쌌다.

우리 주변의 친구들은 좋은 벗이다. 삶의 울적한 시름을 떨쳐내도록 곁에서 위로해주는 그들 덕분에 우리의 외로움은 조금 줄어든다. 이러한 친구와 깊게 대화하면 둘은 말동무가 된다. 우리에겐 서로에 대한 비평의 거리를 유지하면서도 두런두런 속 얘기를 할 수 있는 말동무가 필요하다. 그릇이 커서 웬만한 건 다 받아주지만 필요할 땐 매섭게 날을 세울 줄 아는 뚝심 있는 벗이 곁에 있을 때 우리 삶은 눅눅해지지도 않고 메마르지도 않는다.

타인의 몸 곁에 있어야 신체가 건강하듯, 언어도 타인의 언어와 섞이면서 건강해진다. 언어는 우리의 내면에서 일어나 의미 있는 상대에게 닿으려 한다. 상대의 귀를 살며시 간질이면서 가슴 깊숙이 스며들어가 진동을 일으키고 싶어 한다. 언어는 혼자 생각을 되뇌는 용도로 만들어지지 않았다. 사람과 사람 사이를 이어주기 위해 만들어졌다.

인간은 내면의 진실을 들어주는 타인을 사랑할 수밖에 없다. 누구나 자기 얘기를 하고 싶어 하는데 사람들은 잘 듣지 않는다. 대화를 하려면 상대의 말을 잘 들어줘야 한다는 건 기본상식인데, 아직도 기본상식이 충분하게 보급되지 않았다.

귀는 두 개이고, 입은 하나이다. 말하기보다 더 잘 들어야 한다는 사실을 신체구조가 암시하는지도 모른다. 귀가 클수록 주변은 따뜻해질 것이다.

자주 귀를 비비면서 위아래로 잡아당긴다. 그대의 말을 잘 들으려는 준비이다. 말똥말똥한 눈과 큰 귀를 가진 말동무가 되고자 오늘도 귀를 문지른다. 그대 앞에서 귀가 발그레해진 건 부끄러움이 아니라 그대를 향한 애정이다.

∞

귀를 만지지 않아도 귀가 자주 발그레해진다. 마음이 뒤숭숭해질 때마다 기다렸다는 듯 추파를 보내는 유혹자 때문이다.

추파(秋波)란 가을철의 맑고 잔잔한 물결이란 뜻이다. 가을물결이 마음에 닿으면 기분이 찰랑거리고, 두 물이 뒤섞이듯 만남이 농밀하게 이뤄진다. 남들 몰래 깊고 진한 밀회를 나눈다. 외로움에 쪼그라진 마음도 뜨거운 눈빛을 받다 보면 맛있게 구워진 빵처럼 부풀어 오른다.

외로운 마음을 달구는 유혹자는 책이다. 책은 외로운 시절의 단짝이다. 을씨년스럽게 외로울 때면 고독한 스승의 지도 아래 책을 펼치면서 외로움을 뒤로한 채 생각의 여행을 떠났다.

책은 옹달샘 같았다. 정신을 촉촉하게 적시며 생기를 북돋았다. 책 속 한 글귀가 불도장처럼 마음 깊숙이 새겨지기도 했다. 독서는 미처 생각하지 못했던 생각을 생각하게 만들었다. 책을 통해 알게 된 넓디넓은 세상에 경외심이 생겼고, 인생을 진지하게 사유할 수 있었다. 책은 변화의 지렛대가 되어주었다.

독서는 사랑하는 일과 비슷했다. 사랑을 통해 인간이 이기적인 지하세계에서 벗어나 공생의 지상세계로 나아가듯 책을 통해 기존의 자아를 반성하면서 더 넓은 세계와 연결됐다. 논두렁에서 벼가 햇살을 받으며 누렇게 익어가는 것처럼 책에서 뿜어지는 열기를 받으면서 정신이 무르익어갔다.

내가 누구이고 산다는 게 뭔 의미가 있는지 알 수가 없어서 마음 한쪽이 아릿한 날이면 책을 폈다. 책을 읽어나가면서 인생의 답에 한발 더 가까이 다가갔다. 책을 통해 단 하나의 답을 찾을 순 없더라도 모범답안을 얻을 수는 있었다. 그럼에도 그것은 타인이 제시한 해답이었다. 나의 인생은 타인의 인생과 달랐고, 타인이 찾은 답이 아니라 나의 답을 얻어야 했다. 그래야 나를 외롭게 만든 여러 의구심이 속 시원하게 씻어 내려갈 테니 말이다.

답이 쉽게 구해지지는 않았다. 인생엔 답이 없다는 답을 갖기도 했다. 하지만 답이 없다는 답은 큰 만족감을 주지 않았다. 답을 찾을 수가 없어 그냥 대충대충 소일하면서 허투루 인생을 흘려보내기도 했다. 그때마다 외로움은 삶의 답을 찾으라고 독촉했다. 왜 살아야 하는지 고민하면서 인생의 숙제를 풀어나갔다.

의미 있는 인생을 건축하기 위해서는 가치의 주춧돌을 찾아 튼튼하게 기반공사를 해야 했는데, 인생의 밑바탕을 단단하게 다지는 일이 하루아침에 되지는 않았다. 삶의 가치와 의미에 대해서 제대로 공부한 적이 없었다. 인식의 기초공사가 허술했기 때문에 세상살이에서 생겨나는 약간의 충격에도 그동안 신봉하던 삶의 의미가 쉽게 허물어졌다. 인생의 의미를 재건축하고자 인문학을 공부했다.

인문학공부가 쉽지는 않았다. 인문학 서적이 외계어 모음집 같기도 했다. 인문서는 얄팍한 책과는 밀도가 달랐다. 힘겨웠지만 이글거리는 독수리 눈빛으로 책을 뚫어져라 봤다. 모든 문장을 이해하지는 못하더라도 꾸준히 읽어나갔다.

인문학 서적을 붙들면서 놀라운 변화가 생겼다. 물방울이 한 방울 한 방울 떨어지다 보면 바위를 뚫듯 한 글자 한 글자 읽어나가다 보면 어느새 벽돌책도 격파할 수 있었다. 지은이가 말하고자 하는 바를 어렴풋하게라도 가늠할 수 있었고, 인간과 세상을 한층 더 깊게 파악할 수 있었다.

인문학자들은 특출한 사람들이 아니었다. 우리와 다를 바 없는 외로운 존재였다. 다만 그들은 외로움 속에서 인간을 이해하기 위해 씨름했으며, 거기서 얻은 생각을 모아서 책으로 엮어냈다. 인문서적을 펴면 곳곳에 고뇌 어린 땀과 고독한 눈물이 묻어난다. 위대한 인문서적은 화장실에서 만들어진다.

인간의 지혜가 갈무리된 고전을 읽으면서 뭉클했다. 인간은 오랫동안 공포와 무지에 갇힌 노예로 살다가 용기를 내어 스스로 생각하기 시작했는데, 그 안간힘의 알짜배기가 인문서적이다. 인문서적은 삶에 대해 의문을 던지고 고민을 풀어가면서 얻은 지혜의 보고이다.

자신이 어떠한 가치관을 갖느냐에 따라 인생이 달라진다. 학문체계로서 개념과 논리를 갖추지 않았을 뿐, 누구나 인생을 외로이 고민하며 살아간다. 자신만의 외로운 고민을 좀 더 체계화해서 하는 것이 공부이다. 공부한 만큼 어른이 된다.

꿈 혹은 현실

살아가는 내내 갈림길이 나타난다. 어떻게든 하나를 골라야 한다. 다시 말하면, 다른 가능성을 포기해야 한다.

선택의 가능성은 자유로운 존재만이 느낄 수 있는 생생한 희열이자 인생을 스스로 빚어내야 한다는 엄중한 압박이다. 에리히 프롬은 자신의 자유를 타인에게 내맡겨서 자유로부터 자유로워지려는 인간의 어두운 심리를 『자유로부터의 도피』에 담아냈다. 강하고 잘난 사람이 알아서 통치해주길 바라는 노예근성은 여전히 우리 안에서 꼼지락댄다. 자유를 견디기가 어려울 때면 프랑스의 철학자 장 폴 사르트르(Jean Paul Sartre)가 『존재와 무』에서 쓴 글이 떠오른다. 우리는 자유라는 저주를 받고 있으며, 자유 속에 내던져져 있다고.

선택이란, 홀로 감당해야 하는 고독한 자유다. 심사숙고해서 하나를 선택하더라도 좋은 결과를 얻지 못할 때면 고독이 들이닥치고, 다른 선택을 했으면 어땠을까 하는 회한에 잠긴다. 가지 않은 길에 대한 몽상이 부질없다면서 고개를 절레절레 젓더라도 선택의 아쉬움이 사라지는 건 아니다.

후회해봤자 돌이킬 수 없으므로 자신의 선택을 믿지 않을 도리가 없다. 실제로 이 길이 옳고 낫기 때문에 믿는 게 아니다. 어떻게든 선택을 합리화하려는 변호인이 내면에 있기 때문이다. 변호인은 자신의 선택을 그럴싸하게 포장한다. 또한 자신을 부각시키면서 으스대고 싶은 연예인이 내면에 있다. 연예인은 선택을 과장해서 남들에게 뽐낸다.

변호인과 연예인 때문에 고독 속에서 괴로워하던 시간을 마치 훈장처럼 여기면서 자랑하고픈 마음마저 든다. 고독의 자부심, 고부심이 생기는 것이다. 이 책 곳곳에서 고부심에 취해 넌지시 우쭐거렸는지 모른다. 니들이 고독을 알아?

변호인과 연예인의 맹활약 덕에 갈림길에서 무엇이 더 나은지 잘 알지 못했어도 어느새 자신의 선택이 운명이었다고 철석같이 믿게 된다. 여러 우연의 요소와 상황논리에 따라 정한 하나의 선택이 운명처럼 된다.

운명은 외로운 법이다. 누군가 운명을 믿는다고 말한다면 그만큼 힘겹고 외롭기 때문에 자신의 위태로움을 숨기고자 운명이란 어휘를 사용하고 있는 것이다.

운명을 믿고 걸어가더라도 인생은 뜻대로 풀리지 않는다. 연거

푸 실패와 맞닥뜨린다. 실패해서 고독해졌을 때, 멸망을 탐닉한다. 자신이 주인공이 될 수 없는 세상이라면 파괴하는 게 더 낫게 느껴진다. 세상과 투쟁한다고 착각하지만, 실제로는 싸워서 이길 수 없기에 함께 망가지려고 악다구니를 부린다.

고통을 고독하게 겪는 사람은 타인도 고독해지는 사건이 일어나길 열망한다. 남들은 행복해 보이는데 자기 홀로 불행한 것보다는 모두가 똑같이 추락하는 끔찍한 사태를 고대한다. 이를테면, 세계경제공황, 사회구조의 급변, 정치질서의 붕괴, 충격적인 문화의 확산, 전쟁, 전염병의 창궐, 인류의 종말.

세상이 잘못되었기 때문에 변해야 한다고 소리 높이지만, 실상은 자신이 외롭고 불행하기 때문에 멸망을 욕망한다. 이러한 심리를 독일의 철학자 아르투르 쇼펜하우어(Arthur Schopenhauer)는 『의지와 표상으로서의 세계』에서 이렇게 꼬집었다.

인간은 무한한 세계에서 전적으로 보잘것없이 무로 축소되는 존재이면서 자신을 세계의 중심점으로 삼고는 자기 욕망을 위해 세계마저 희생할 이기심에 사로잡혀 있다고.

코로나19를 맞아 홀로 고통 받는 수많은 사람들이 자신의 분노와 우울을 세상에 투사하고, 악성댓글과 여러 소란으로 세상의 고통이 증폭된다. 골방에서 악쓰면서 혐오를 부추기는 사람들에게 똑같이 혐오로 대응하기보다는 그 사람의 생애와 사정을 헤아릴 수 있을 때, 우리사회가 좀 더 성숙해질 거라고 생각하는 편이다. 그들의 행동을 용납하지 않으면서도 그저 손가락질하며 처벌하는 데만 열중하기보다는 왜 그러는지 이해하려고 할 때, 그래서 그러한 행동을 실제로 줄이는 결과를 얻어낼 때 우리 사회가 건강해지고 성숙해질 거라고 믿는다.

그렇다고 몽둥이를 버리자는 얘기는 아니다. 때로는 흠씬 몽둥이로 맞아야 정신이 번쩍 드는 경우가 있기 때문이다.

환멸을 찾아서

외로이 실패를 겪은 뒤 일그러진 사람들은 별종들이 아니다. 그들은 이번 생에 많은 것을 겪는 과정에서 안타깝게 일그러졌을 뿐이다.

다행스레 우리는 시행착오 속에서 망가지지 않고 성장을 한 사람이지만, 세상 사람들 모두가 행운을 얻지는 못한다. 실패할수록 외로워지고, 외로우면 비뚤어지기 십상이다. 실패를 고독하게 겪은 사람이 세상과 타인을 사랑하기란 어려운 일이다.

기성세대와 청춘의 인식차도 실패에 따른 결과가 다르기 때문에 발생한다. 기성세대는 과거에 실패를 겪었더라도 현재는 어느 정도 안정된 자리를 차지한 사람들이다. 그들은 실패한 기억을 뒤로한 채 자신이 거머쥔 성취에 안주한다. 그래서 기성세대는 날마다 불안과 실패를 견뎌야 하는 청춘의 심정을 이해하지 못하고 엉뚱한 훈계를 한다.

기성세대가 지난날을 회상하면서 젊은이들이 유쾌하고 상쾌하리라고 기대하는 건 기억을 조작해야만 가능한 일이다. 청춘이란 설렘과 불안이 1대 9로 혼합된 상태이고, 성공과 실패 역시 1대 9로 체험한다. 수많은 좌절 없이 청춘을 가뿐하게 건너는 방법은 없다. 고뇌에 빠져 허우적대다가 자신의 바닥으로 파묻힐 때쯤 청춘이 외로이 지나간다.

청춘은 어리석은 선택을 하면서 실패할 수밖에 없는 시기이다. 실패는 성공의 어머니라고 미국의 발명가 토머스 에디슨(Thomas Edison)은 말했는데, 실패가 성공을 꼭 낳지는 않는다. 오히려 상처를 낳기 일쑤이다. 청춘은 실패를 상처처럼 갖게 되는데, 좀처럼 위로받지 못한다. 세상은 성공한 사람에게 우레 같은 박수를 보내는 데 정신이 팔려 있다. 실패한 사람은 실패만으로도 괴로운데다 실패에 따른 외로움으로 극심한 고통을 겪는다.

물론 에디슨의 통찰이 꼭 틀렸다고 할 수는 없다. 분명히 실패 속에서 성공의 가능성이 생겨난다. 실패를 바탕으로 세상에서 성공할 가능성은 조금이라도 올라가는데, 뜻밖의 성공을 얻을 가능성도 생긴다. 자기이해라는 성공 말이다.

실패 속에서 자신을 마주한다. 이기심과 나약함과 게으름과 어리석음과 직면한다. 자신의 실체를 알아갈수록 실망한다. 때론 지나친 자학으로 숨 막히는 지경에 이르기도 한다. 그런데 묘하게도 자신에 대한 환멸은 자아를 변화시킨다. 나는 이렇게 되어야만 한다는 허영과 나는 이런 사람이라는 거만이 파괴된다.

나는 생각만큼 고결한 사람이 아니었다. 음흉하고 비겁한 면도 다분한데 실상을 애써 외면해왔다. 하지만 여러 일에서 실패한 뒤 화장실에 자주 틀어박히면서 나의 실체를 알게 되었고, 기존의 자의식이 해체됐다. 뜻밖의 해방감을 맛봤다. 화장실에서 울다가 웃어버렸다. 큰일이 난 것이다.

이 모든 게 실패 덕분이다. 그렇다면 지난날의 실패는 일종의 성공일 수 있다. 숱한 실패 덕분에 조금이나마 자기 자신을 아는 데 성공했다. 실패가 없다면 자신을 자동으로 미화하는 자의식의 환상에서 빠져나오지 못했을 것이다. 실패의 시련 속에서 인생의 진실에 한걸음 더 다가갔다.

실패가 성공으로 탈바꿈하듯 성공이 실패로 변모할 수 있다. 젊은 날의 성공이 독이 되어 불행해진 사람들이 수두룩한 세상이다. 이른 성공이 끔찍한 덫이 된 것이다. 그들은 자신의 성공이 자기가 잘난 덕분이라고 믿었고, 일찍 얻은 성공이 실패의 전주곡이 될 줄 몰랐다. 예컨대, 텔레비전에 소개된 그 많은 영재들과 젊은 사업가들은 어떻게 됐을까?

실패가 축복일 수 있다. 물론 과거에 겪어야 했던 수많은 실패는 흑역사이고, 여전히 가슴 한복판에 멍울이 남아 있다. 그런데 바로 그러한 통증과 우울함이 변화를 잉태한다. 바닥까지 굴러 떨어졌기 때문에 바닥을 치고 올라와 새로운 도전을 시작할 수 있다.

실패 속에서 인간은 단련된다. 그대에게 거절당했어도 좌절하지 않는 까닭도 무수한 실패 덕분이다. 실패 덕분에 약간이라도 성장할 수 있었다. 실패를 환영하는 이유다.

이처럼 실패를 사랑하는데, 어째서 화장실에 들어와 울먹이며 얘기하고 있을까.

∞

화장실에 들어왔다고 쑥스러워하지 않고 말할 수 있는 건 실패 덕분에 마음이 가벼워졌기 때문이다. 잘 보여야 한다는 마음이 없어서 가식으로 자신을 꾸미지 않는다.

꿈과 현실 사이엔 간극이 있고, 그 거리만큼 외롭고 괴롭다. 되고 싶은 모습과 현재 살아가는 모습 사이의 괴리는 나의 한계를 고스란히 드러낸다. 하지만 동시에 내가 성장하는 존재라는 희망을 품게 한다.

함석헌은 『뜻으로 본 한국역사』에서 이상이 별이라고 목청을 돋우었다. 까마득한 우주 속 머나먼 별을 동경하더라도 거기에 영영 도달할 수 없다. 하지만 그렇게 멀리 있기 때문에 우리는 별빛으로 방향을 가늠할 수 있다. 무한히 높이 떠 있는 북극성 덕분에 망망대해에서 뱃사람들이 방향을 잃지 않듯, 숭고하고 아름다운 이상 덕분에 어디로 가야 할지 인간은 알 수 있다.

희망하는 모습대로 되지 않더라도 이상을 포기하지 않았다. 이상을 깡그리 내팽개친 뒤 현실에 매몰되어 너절하게 늙어버린 사람들을 보아왔기 때문이었다. 지난날을 돌이켜봐도 내면의 별을 잃어버릴 때 혼란이 들이닥쳤다. 그렇게 재앙이 일어났다. 재앙(disaster)이란 곧 '별(astro)이 없다(dis)'는 뜻이다. 세상을 밝히는 별이 사라질 때 사람들이 방황하듯 삶을 밝히는 별에 눈감으면서 타락한다.

물론 별빛에 눈이 멀어 하늘만 쳐다보며 사는 건 곤란하다. 이상에 도취되어 끔찍한 일을 저지른 이상한 인간들 역시 셀 수 없이 많다. 이상에 눈이 멀면 현실을 업신여기는 독선가가 되어버린다. 현실 속 자신의 부족함을 수용하지 못하면 삶은 정체된 채 탕진된다.

이상에 고정된 시선을 현실 속 나 자신에게로 돌리면 시야가 넓어진다. 자기 자신을 있는 그대로 자각하며 약점을 인정하는 일은 성장과정에서 반드시 거쳐야 하는 관문이다.

절망이자 희망

화장실에서 눈물을 감추던 시간을 오래 겪었다. 앞으로도 계속 겪을 것이다. 그런데 이제는 꿈을 향한 외로움을 피하려고 하지 않는다.

고독 속에서 눈물을 흘리는 일은 자기 자신에게 눈을 뜨는 통과의례다. 세상의 때에 절어서 멀었던 마음의 눈이 눈물을 통해 치유된다. 화장실은 정화와 치유의 장소다.

마음의 눈을 뜨면 인생이 명확해진다. 자신이 해야 할 일을 깨닫는다. 외로워도 자신의 길을 당당하고 담담하게 걸어간다. 외로움 없이 꿈을 향해 나아가면 얼마나 좋겠냐만, 꿈과 외로움은 붙어있다. 기존의 인간관계에서 벗어나 고독의 담금질을 겪지 않고서는 꿈을 실현시킬 수 없다. 사람들로부터 거리를 두고 견딘 외로움만큼 꿈을 향해 진전한다. 그렇게 자기만의 색깔을 빚어낸다. 세상이 주입한 욕망에서 벗어나 자신이 진정으로 원하는 가치를 추구하면서 개성이 생긴다.

우리 모두가 특별한 존재인데, 자신이 특별한 존재임을 깨닫기 위해서 고독이라는 시험이 있다. 우리는 대자연에게서 일단 삶을 외상으로 받은 뒤 고독으로 갚아가고 있다. 누구나 고독이라는 대가를 치르는데, 무엇을 위한 대가인지는 사람마다 다르다. 어떤 이는 고독 속에서 세상을 저주하고 사람들에게 해코지하는데, 또 다른 이는 고독 속에서 훌륭한 삶을 자아낸다.

세상에 뛰어난 사람들은 누에가 뽕잎을 먹고 명주실을 뽑아내듯 고독한 시간을 통해 잠재력을 뽑아냈다. 그들이 외로움을 무난하게 견뎠다는 뜻은 아니다. 누구에게나 고독은 가혹하다. 다만 위인들은 외로움을 끈기 있게 참고 또 참았다. 위대한 사람은 사람들 한가운데서 고독의 고립을 부드러이 유지하는 사람이라고 랠프 월도 에머슨(Ralph Waldo Emerson)은 이야기했다. 누군가 사람들의 마음을 뜨겁게 달구면서 영감을 주고 있다면, 그는 지난날 황홀한 고립을 처절하게 겪었을 것이다.

철학자 버트런드 러셀(Bertrand Russell)도 고독했다. 러셀의 자서전 『인생은 뜨겁게』를 보면, 대중과 어우러져 공통된 감정을 느끼는 것이 러셀의 평생소원이었다. 너무 갈망한 나머지 때로는 남들과 일체가 된 것처럼 굴었지만 실제로 일체감을 느끼지는 못했다. 러셀은 열정을 쉽사리 발산하면서 타인과 의기투합하기보다는 끝없이 의문을 품으면서 홀로 있었다. 어느 누구하고도 완벽한 동지가 될 수 없어서 외로웠으나, 고독 속에서 러셀은 우리가 아는 러셀이 되었다.

고독은 내면이 성장하면서 생겨나는 조용한 비명이다. 고독은 자기 자신으로부터 도망칠 수 없다는 절망이다. 고독은 자신을 파고드는 희망이다. 고독은 숨겨진 재능이 깨어나는 기쁜 통증이다. 고독은 내면으로 떠나는 위대한 모험이다.

인간은 고독 속에서 예술가가 된다. 창조성은 외로움을 머금고 깨어난다. 상황과 환경이 좋으면 작업에 전념할 것 같지만, 그렇지 않다. 오래전부터 인류는 괴로운 상황에서 예술이란 꽃봉오리를 피워냈다. 빙하기가 정점에 이르러 생존이 위태로울 때 인류의 조상들은 뗀석기 예술을 꽃피웠다. 이것이 호모 사피엔스와 네안데르탈인의 차이였다고 영국의 고고학자 스티븐 미슨(Steven Mithen)은 『마음의 역사』에서 주장했다. 최근 고고학 연구에 따르면, 네안데르탈인도 의복과 보석과 악기와 동굴벽화를 만들면서 문화예술 활동을 했고, 매장 풍습도 있었다. 네안데르탈인이든 호모 사피엔스든 인류의 조상들은 시련을 견디며 예술을 빚어냈고, 그들의 예술성은 여전히 우리에게 이어지고 있다.

세상에 감동을 주는 훌륭한 작품은 고통과 고독이 낳은 자식인 경우가 많다. 예컨대 작곡가 루트비히 베토벤(Ludwig Beethoven)은 청력을 잃고 난 뒤 철저한 고독과 처절한 절망 속에서 〈운명〉과 〈전원〉 그리고 〈합창〉을 창작했다.

창작하는 사람에게 고독은 저주받은 자원이다. 황폐하다 못해 황홀한 고독을 느낀 사람은 무언가를 만들어내기 시작한다. 외로워서, 너무나 외로워서 뭔가를 하지 않고는 못 배긴다. 그래서 라이너 마리아 릴케(Rainer Maria Rilke)는 『젊은 시인에게 보내는 편지』에서 고독을 고향이자 의지처로 삼으라고 조언했다.

물론 모든 사람들이 외롭다고 새로운 시도를 하지는 않는다. 오히려 무기력한 채 하고 있던 일마저 방치하기도 한다. 그럼에도 외로움 속에는 사람을 움직이게 만드는 자극이 있다. 평소엔 게으르고 놀기 좋아하는 사람이 외로움에 시달리자 창작에 몰입한다. 왜 고독은 창조의 동력이 되는 걸까?

고독은 곤경에 처해 있다는 경고신호이다. 위기의식을 느낀 생명은 살아남기 위해 여태껏 하지 않았던 시도를 감행한다. 고독한 위기 속에서 인간은 원석을 끄집어내어 가공한다. 물론 그렇게 만들어진 결과가 사랑받지 못할 수도 있고 스스로에게도 실망스러울 수 있다. 그래도 고독이 때로는 은총 같아서 내면에 숨겨진 보물을 발굴한다.

∞

고독 속에서 보물을 찾아낸 사람들에게 영감을 받고 용기를 얻어왔다. 떠돌이별처럼 우주를 외로이 헤매다가 태양처럼 스스로 불타오르는 사람을 만나 그 주위를 한동안 공전하면서 힘을 충전했다.

빈센트 반 고흐(Vincent van Gogh)는 외로운 별이다. 수많은 별들로 가득한 미술계에서도 고흐는 유난히 반짝인다. 자기 영혼의 빛깔로 그려낸 그림은 말로 다할 수 없는 감동을 준다. 고흐에게 별 관심 없던 사람일지라도 고흐의 인생 이야기를 들으면 고흐의 그림이 다르게 보이기 시작한다. 고흐 그림을 향한 사랑이 마법처럼 펼쳐진다.

누군가를 사랑하게 되면 더 알고 싶어진다. 잘 알아서 사랑하는 것이 아니라 사랑해서 궁금해진다. 사랑은 호기심에서부터 시작한다. 고흐에 대해 잘 모르고, 그냥 시중에 떠도는 정도의 정보만 있는 사람이라도 고흐의 그림을 보면 더 가까이 다가가고 싶어진다. 왜 그리 노란색을 썼는지부터, 그림이 왜 저토록 강렬한지, 외로운 시간에 무얼 했을지 다 알고 싶어진다.

고흐는 비운의 화가였다. 지금이야 세상에서 가장 비싼 그림을 그린 화가가 되었지만 생전엔 세상 사람들의 철저한 외면 속에서 단 한 작품밖에 팔지 못했다. 인정받지 못했고, 가난했으며, 몸과 마음이 아팠고, 외로웠다. 생애 내내 이어진 불행과 고독은 고흐의 성격을 더욱더 괴팍하게 만들었다.

하지만 고흐의 마음은 따뜻했고 다정했다. 스물여덟 살이란 늦은 나이에 붓을 잡고서는 아무도 알아주지 않는데도 그림을 그리고 또 그렸다. 타인의 외로움을 그림으로 어루만져주고자 비참한 상황에서도 날마다 붓을 들었다. 세상은 그를 사랑하지 않았지만 세상을 향한 그의 사랑은 멈추지 않았다. 사랑받지 못했지만 사랑의 불길로 붓질하던 고흐를 생각하면 가슴이 먹먹해진다.

위대한 예술가와 예술가를 흉내 내는 치들이 뚜렷하게 갈라지는 지점도 여기이다. 예술가인 체하는 이들은 겉으론 온갖 유세를 떨더라도 결국 목적은 쾌락과 권력이다. 자신의 욕망을 위해 그들은 예술을 이용한다. 이와 달리 진정한 예술가는 자신의 예술을 통해 감동을 주고 그 과정에서 자신도 구원받는다. 오늘도 수많은 예술가들이 아름다운 감동을 위해 고독을 감내한다.

예민하고 여린 영혼을 지닌 채 외롭게 살다간 고흐가 그림을 통해 우리를 위로한다. 고흐의 삶은 불행했고 외로웠지만, 자신의 작품을 감상할 우리를 상상하면서 신명나게 작업했다. 외로움을 머금고 빚어진 고흐의 걸작을 볼 때마다 고흐처럼 내면의 보물을 꺼내어 사람들에게 전하고픈 용기가 샘솟는다.

마음이 깊은 사람으로 빈센트 반 고흐를 기억한다. 수많은 사람들의 애정과 존경과 추모 속에서 고흐는 계속 살아있다. 고흐의 육체는 흙으로 돌아갔지만 고흐의 정신은 불멸한다. 영원히 우리와 함께하는 고흐가 나지막이 속삭인다.

힘을 내어 그대의 길을 걸으라고. 외로워도 그대의 길을 꿋꿋이 가라고. 그것이 위대한 인생이라고.

04

세 개의 고독

◎

외로움에는 온도가 있다. 그리하여 순환한다.

뜨거운 외로움이 있다. 뜨거운 외로움이 불거지면 당장 타인의 체취와 체온이 간절해진다. 뜨거운 외로움에 달궈지면 가만히 있기 어렵다. 사람들에게 연락하고, 약속을 잡고, 외출한다.

차가운 외로움도 있다. 차가운 외로움이 퍼지면 모든 것이 귀찮고, 우울해지면서 움직이지 못한다. 사람들과 거리를 두고, 홀로 있게 된다. 그럴수록 외로움의 온도는 내려가고, 심장이 얼어붙어간다.

뜨거운 외로움이 누군가와 만나도록 마음을 들쑤신다면, 차가운 외로움은 아무것도 하지 않도록 기분을 처지게 만든다. 뜨거운 외로움이 엉덩이에 불이 붙은 듯 바삐 움직이게 한다면 차가운 외로움은 사람들의 엉덩이에 접착제를 붙이면서 모든 일로부터 멈춰 서게 만든다.

외로움은 순환한다. 달궈졌다가 극에 이르면 식어서 차가워진다. 차가움 역시 극에 달하면 천천히 뜨거워진다.

지난날을 돌아보면 뜨거운 외로움의 시기와 차가운 외로움의 시기로 나눌 수 있다. 뜨거운 외로움과 차가운 외로움 사이를 오가는 여정이 인생이다.

∞

외로움의 온도를 두 가지로 나눴는데, 두 외로움 모두 인간을 자극한다는 공통점이 있다. 뜨거움이 움직이게 한다면 차가움은 움츠러들게 한다는 차이가 있지만, 변화의 움이 트도록 자극을 가한다는 점에서 비슷하다. 이처럼 외로움은 우리를 자극해서 변화를 일으키는데, 변화의 양상엔 두 가지가 있다.

첫 번째 변화양상은 갑자기 뭔가를 저지르는 모습이다. 외로움은 우리의 숨통을 천천히 조이면서 변화를 강요한다. 누군가 느닷없이 이상한 행동을 하거나 모든 걸 팽개치고 방안에서 웅크리고 있다면, 오랫동안 외로움에 시달려왔다는 사실의 방증이다.

두 번째 양상은 창조이다. 외로움을 홀로 견디다 보면 내면의 변화가 생겨난다. 그냥 외로움을 해소하고자 사람들에게 가는 게 아니라 새로운 걸 얻어서 사람들에게 가져다주려는 충동이 일어난다. 외로움 속에서 창조가 일어난다.

일탈이든 창조든 변화라는 점은 같다. 외로움은 인간을 자극하면서 변화를 일으킨다. 외로운 사람들은 직장을 때려치우고, 훌쩍 여행을 떠나며, 밤에 깨어서 글을 쓰고, 하루 종일 드라마를 주구장 창 보며, 모임에 나가 춤을 배우기 시작하고, 야식을 날마다 먹으며, 활동하던 사회관계망서비스에서 갑자기 탈퇴하고, 느닷없이 누군 가에게 고백한다.

고독의 세 얼굴

앞서 외로움의 온도와 자극에 따른 변화의 양상을 살펴봤다면 이번 엔 외로움의 종류를 나눠보려 한다.

외로움의 종류엔 세 가지가 있다. 첫째, 타인이 곁에 없어서 발생 하는 외로움이다. 혼자 있으면 외롭다. 혼자 있기 때문에 마음이 울 렁인다. 누구나 다 아는 외로움이다. 타인부재의 외로움이라고 이름 붙일 수 있다. 누군가를 만나고 모임에 참여하면 줄어드는 외로움 이다. 코로나 시대를 맞아서 타인부재의 외로움이 어마어마하게 증 가하고 있다.

두 번째 외로움은 타인과 겉도는 관계에서 발생한다. 사람들과 진실하게 소통하지 못하고 거리낌을 갖게 되면서 생기는 거리감의 외로움이다. 거리감의 외로움은 대도시에서 주로 발생한다. 도시엔 8차선 대로가 뻥뻥 뚫려 있지만 마음에서 마음으로 이어지는 오솔 길이 드물어서 도시인은 외로움에 마음이 뻥뻥 뚫려 있다. 아는 사 람은 많아도 제대로 아는 사람이 없다. 누군가 나를 이해한다고 말하는데, 오해일 때가 수두룩하다. 사람들과 수많은 대화를 나누지만 대부분 다음날이면 기억조차 나지 않는 말들이다. 현대인은 자유로이 말하는 것 같아도, 정작 타인과 나누고 싶은 이야기를 자유롭게 꺼내지 못한다. 그 결과 주변에 사람이 하나도 없는 것 같다.

영화 〈프랑스 영화처럼〉을 보면 자주 헌혈하는 남자가 나온다. 영화 속 남주인공은 자신의 피가 누군가에게 전해지면 누군가와 외로움을 나눌 수 있다는 생각에 위로받는다. 그 뒤로 외롭고 우울할 때마다 헌혈한다. 자신의 피가 누군가에게 전해지는 걸 상상하면서 헌혈을 반복한다.

우리 모두 피같이 소중한 시간을 누군가와 나누고 싶어 한다. 그러나 타인과 제대로 연결되지 못하는 현실이다. 거리감의 외로움이 현대 대도시에서 심해졌다고 해도 현대인만 겪는 건 아니다. 현자들조차 이해받지 못하는 데서 생기는 고독을 겪었다.

『도덕경』에는 자신의 말이 매우 쉬운데 사람들이 알지 못한다는 노자의 넋두리가 담겨 있다. 『논어』를 보면, 아무도 자신을 알아주지 않는다고 공자가 시름을 토로한다. 소크라테스는 자신의 소명을 깨닫고 사람들을 일깨우려고 했지만 도리어 젊은이를 타락시켰다는 죄명으로 사형당했다. 소크라테스의 제자 플라톤은 자신을 묶던 사슬을 끊고 동굴 밖으로 나오더라도 사람들과 소통하지 못하는 상황을 『국가론』에서 이야기했다. 누군가 고개를 돌려 동굴 밖의 빛을 향해 나아가더라도 동굴 속 사람들과 공유하지 못해 외로울 수밖에 없다. 예루살렘 사람들이 자신이 전하는 뜻을 이해하지 못하자 예수기 흐느꼈다고 기독교 경전에 적혀 있다. 역사에 발자취를 남긴 현자들도 고독했다.

인간의 정신세계를 오랫동안 탐구한 칼 구스타프 융(Carl Gustav Jung)도 외로웠다. 그는 무의식에 대한 연구를 심화시켰는데, 진정으로 알아주는 이가 별로 없었다. 고독이란 자신이 중요하게 여기는 걸 전할 수 없거나 전하더라도 사람들이 이해하지 못할 때 생기는 법이라고 융은 나지막이 술회했다.

∞

사람과 사람 사이엔 오해라는 격류가 흐른다. 내가 타인의 마음을 알지 못해 당혹스럽듯 타인 또한 나를 잘 알지 못한다. 타인에게는 내가 타인이다.

오해라는 격류에 난파당할 때면 고독의 섬에 내던져진다. 사람들 사이엔 보이지 않는 섬이 있고, 마음과 마음이 겉돌면 사람 사이의 섬으로 유배된다. 수많은 사람들을 만나 웃고 떠들고 춤추더라도 마음 시린 고독에 휩싸이는 순간 섬으로 내동댕이쳐진다.

거리감의 고독은 알고 지내는 사람은 많아도 막상 나를 잘 알지 못한다는 불편한 진실을 자각할 때 최고조에 달한다. 알고 지내는 사람들이 많으면 많을수록 오히려 적당히 알기 때문에 생겨나는 거리감이 누적되면서 더더욱 외로워진다.

거리감의 외로움에 시달리다보면 차라리 타인부재의 외로움이 더 낫겠다는 생각이 들기 마련이다. 헨리 데이비드 소로(Henry David Thoreau)도 그랬다. 소로는 우리가 대체로 혼자 집에 있을 때보다 밖에서 사람들과 있을 때 더 고독하다고 『월든』에서 언급했다. 사람들과 있어도 깊게 소통하지 못해 답답했던 소로는 외로움만 한 친구를 만나보지 못했다며 고독을 예찬했다. 외로움이 그렇게 좋다면 월든 호숫가에서 평생 혼자 살면 될 텐데, 소로는 2년 2개월 하고 2일을 살고는 다시 세상으로 나왔다. 월든에서 지내는 동안에도 틈틈이 마을에 나와 사람들을 만났고, 사람들이 그의 오두막을 찾아오기도 했다. 사람과 아예 단절된 사태를 겪어보지 않았기에 소로가 좀 한가하게 고독을 우러르는 것처럼 보인다.

그럼에도 소로가 홀로 지내는 동안 강인해지고 지혜로워진 건 분명하다. 소로는 고독한 시간 속에서 많은 것을 깨달았다. 이런 맥락에서 코로나19는 우리의 방을 월든 호숫가처럼 만들어준다. 사람들로부터 떨어져서 인간관계를 되돌아보는 소중한 기회를 맞고 있다.

만남을 통해 고독에서 벗어날 수 있지만, 모든 만남이 구원이 되는 건 아니다. 서로의 마음이 열리는 참된 만남만이 고독으로부터 우리를 구해준다. 외로움을 건널 수 있는 방법은 결국 마음의 연결이다. 하지만 마음과 마음이 만나 함께 열리기란 쉽지 않은 일이다. 세상에서 가장 어려운 일이 있다면, 누군가의 마음을 헤아리고 자신의 마음을 옹글게 전하는 일이다.

마음과 마음 사이엔 강이 있는데, 얕아 보여도 막상 조금만 걸어가면 머리 꼭대기까지 물이 차오르고, 잔잔해 보여도 중간쯤 건너다보면 너울이 생긴다. 타인의 마음에 닿기까지 너무 힘든데다 상대는 나에게로 넘어오지 않고 발만 담근 것처럼 보이면, 마음의 강을 넘고 싶지 않게 된다. 그렇게 사람과 사람 사이의 섬에 고립되어 무인도생활을 한다.

고립되어 있는 시간이 길어지면 다시 탈출의 욕망이 지펴진다. 진정으로 그대와 만나고 싶다. 마음과 마음 사이의 강으로 뛰어들어 목숨을 걸고 헤엄친다.

서로가 마음과 마음의 강으로 뛰어드는 일을 우린 사랑이라고 부른다. 외로움은 자신의 영혼을 진실로 이해하는 사람을 찾으라는 요청이다.

고독의 끝

사람과 사람 사이 섬에서 벗어나고 마음의 강을 건너서 사랑을 나누면 행복해진다. 농염한 세계로 들어와 수줍어하는 나를 탐험해주고, 자신의 내밀한 세계로 초청해 설렘의 기쁨을 유발하는 사람 덕분에 외로움에서 벗어난다.

누구나 외로움이라는 얼음가시에 찔린 채 살아간다. 그 가시는 자신의 가슴을 후벼 파는 데서 그치지 않고 둘레 사람들까지 찌른다. 얼음가시는 진심이 담긴 애인의 손길로만 녹는다. 우리가 기다리는 사랑이란 다정한 손길을 지닌 사람과의 참된 만남이다.

사람을 만날 때마다 머릿속에선 어떤 직감이 생긴다. 또 한번 '그냥 스쳐지나가겠구나' 할 때가 대부분이지만, 어떤 순간엔 이 사람이 큰 귀와 다정한 손을 가졌으리라는 예감을 받는다. 시간이 어떻게 흘러갔는지 모를 만큼 명랑하면서도 진지하게 대화가 이뤄진다. 상대에 대한 호기심이 피어오르고, 상대도 나에게 부쩍 흥미를 드러낸다. 굳이 자신의 상태나 마음을 까발리지 않더라도 속 깊게 배려해주는 사람을 만날 때, 외로움은 자리를 피해준다.

누군가와 급속하게 내밀해진다는 건 서로가 외로웠다는 방증에 불과한 경우가 많다. 그럼에도 나조차도 모르거나 외면하려고 했던 나를 발견하고 지그시 바라봐주는 사람에게 마음이 활짝 열리는 건 속절없는 기쁨이다.

∞

그런데 사랑하는 사람과 즐거운 나날을 보내는 와중에 느닷없이 낯선 외로움이 불쑥 등장한다. 자신조차 납득되지 않는다. 하루가 멀다 하고 붙어 다니고, 떨어져 있으면 전화기에 불이 날 정도로 연락을 주고받으며, 세상 그 누구보다 서로가 가장 잘 아는 사이가 되더라도 외로움이 가시질 않는다.

사상가 발터 베냐민은 자신의 애인 아샤 라시스를 만나고는 『모스크바 일기』에 외로움에 대한 감상을 꾹꾹 눌러썼다. 베냐민은 서로 떨어진 곳에 있더라도 같은 시간에 외로움을 느낀다면 외로움이 존재하지 않는다고 썼다. 마음이 서로 잇닿아 있다면 몸이 떨어져 외롭디라도 징밀 외로운 건 아니라는 이야기다.

내가 그대를 그리워하듯 그대가 나를 그리워하면 나의 외로움은 더 이상 외로움이 아니다. 그런데 그대가 행복하기를 바라지만 나 없는 곳에서도 잘 지낼 때, 내가 없어도 그대의 세상이 고독하지 않을 때, 외로움이 마음을 할퀴고 지나간다.

서로 떨어져 있을 때조차 상대가 나만 바라보고 나를 그리워해야 한다는 건 얼마나 유치한 욕망인가? 그런데 우리는 이러한 유치한 욕망에 사로잡혀 외로워하다가 사랑을 망치곤 한다. 상대를 아끼는 마음이 강렬하더라도 이기심은 소멸되지 않는다. 이기심은 외로움을 불러온다.

너는 내가 아니고, 나는 네가 아니다. 연애를 통해 차이를 절절하게 체험한다. 서로 배려하더라도 서로가 다르다는 근본의 사실은 변함없다. 사랑은 어쩌면 이러한 본질적인 외로움을 음미할 기회인지도 모른다.

연인의 품에 안겨 있어도 외롭다. 애인만 생기면 이별하리라 믿었던 외로움이 알고 보니 우리 자신과 한 몸이다. 이러한 깨달음이 세 번째 외로움이다. 사랑을 통해 고독으로부터 해방감을 맛보더라도 다시 고독해진다. 인간은 사랑을 해도 고독하다.

타인부재의 외로움을 느끼면 누군가 옆에 있어주길 원하고, 거리감의 외로움을 느끼면 깊게 소통할 사람을 찾는다. 반면에 의문의 외로움을 느낄 땐 탈출할 방법이 딱히 없다. 고독의 원인이 내 안에 있다. 인간의 정신에서 고독이 발생한다. 해결이 어려운 의문이 고독과 함께 밀려온다. 삶이란 이게 다인가, 별 의미 없이 태어났다가 고생하다 죽는 것이 우주의 이치인가, 의구심에 사로잡힌다.

의문의 외로움 때문에 우주 저 멀리서 들려오는 신호가 있을 것만 같아서 귀를 쫑긋 세우기도 하고, 마음 깊숙한 곳에서 신성이 샘솟길 바라면서 명상을 하기도 한다. 광활한 우주처럼 마음 역시 장대하다는 사실을 깨닫기도 하고, 부질없게 스러지는 시간처럼 저 아득한 우주도 덧없게 느껴지기도 한다. 누군가가 봤을 땐 배부른 고독이지만, 생각보다 많은 이들이 의문의 외로움에 사로잡혀 끙끙댄다.

아인슈타인도 의문의 외로움을 느꼈다. 그는 타인부재의 외로움이나 거리감의 외로움에는 초연한 편이었다. 아인슈타인은 타인이나 공동체와 직접 접촉할 필요를 느끼지 못했고, 조국과 친구 그리고 가족에게조차 진심으로 속한 적이 없다고 고백했다. 사람들이 자신을 이해하고 공감하는 데 한계가 있다는 사실을 인식했어도 그는 낙담하지 않았다. 우주의 신비와 인생의 경이를 탐구하며 살았기 때문이다.

의문의 외로움 속에서 인간은 새로운 탐구를 시작한다. 의문의 외로움은 진리를 향한 외로움이다.

침묵이거나 소음이거나

의문의 외로움은 솔개 새끼와 비슷하다. 발밑을 쪼아대면서 신경을 거슬리게 하고 성가시게 굴다라도 처음엔 참을 수 있다. 하지만 금세 자라 웅대한 날개를 펼치며 머리 꼭대기로 날아오른 뒤 아주 빠른 속도로 인생의 활기를 낚아채 가버린다.

의문의 외로움을 풀어내려면 지혜가 필요하다. 사랑이 어느 정도 삶의 의미를 제공하는 건 분명하지만, 우리가 원하는 만큼 충분한 의미가 주어지지는 않는다. 연인들은 서로를 안다고 생각하더라도 서로에게 익숙해졌을 뿐, 서로에게 무지하다는 진실을 뼈저리게 체험한다. 사랑을 해도 고독으로부터 벗어날 수 없다.

나름 열심히 살아가는데도 자신이 누구인지 모르겠고 삶이 공허한 현대인은 엄청난 고통을 겪고 있다. 무의미가 창궐하는 건 뜻밖에도 인류문명이 진보했기 때문이다. 과거에는 인류를 감시하며 심판하는 조상신이든 염라대왕이든 옥황상제든 뭐라 이름을 부르든 간에 신이 있었다. 그런데 근대화가 일어났다. 근대화란 독일의 사회학자 막스 베버(Max Weber)의 표현처럼 탈주술화였다.

막스 베버는 『프로테스탄티즘의 윤리와 자본주의 정신』에서 시대의 전환기에 각 개인이 직면했던 전대미문의 고독감을 언급한 뒤 기독교개혁을 통해서 탈주술화 과정이 완결되었다고 서술했다. 과거의 사람들은 주변 사람들이 믿는 종교를 덩달아 믿었고, 신의 권위를 맹목적으로 숭배했다. 소수의 사람들이 의문을 가졌지만 입밖으로 꺼낼 순 없었다. 조선시대에 제사지낼 때 전을 100개 부쳐서 팔이 저린 며느리가 절하는 남자들에게 울컥하며 "이 음식을 조상님들이 와서 정말 먹는 거예요?"라고 묻는 상황을 떠올려 보라.

세계 어디든 종교풍습에 의심을 꺼내는 자는 박해받을 수밖에 없었다. 어느 사회든 사람들은 종교풍습에 복종한 채 살았고, 종교가 그리는 세계상을 현실로 믿어왔다.

기존의 종교가 가르쳐온 관념의 질서가 근대화 속에서 격렬하게 허물어졌다. 세계를 관장하면서 삶의 의미를 부여하던 신이 사라지자 어떻게 살아야 한다는 압박도 사라졌다. 인간의 정신을 사로잡고 있던 종교라는 주술이 풀리자 사람들의 마음이 뒤숭숭해졌고, 뭘 어떻게 해야 할지 모르는 혼란이 들이닥쳤다. 과거엔 삶의 막막함에 사제들이 응답했지만, 이제는 침묵 아니면 잡다한 소음만이 우리를 기다리고 있다. 전대미문의 외로움이 들이닥친 것이다.

자기가 왜 태어나 살고 있는지 알 수 없는 현대인은 그저 부나방처럼 욕망을 쫓고 쾌락을 탐닉하며 늙어간다. 삶에 대한 신성과 존엄이 소멸되고, 인생의 전망도 그저 생존과 번식으로 수렴된다. 그냥 목숨이 붙어 있으니까 어제처럼 살아간다. 왜 살아야 하느냐고 물으면 다들 어색한 웃음을 짓는다.

인간은 신을 쫓아내면서 자유로워진 게 아니라 표류하고 있다. 세상이 어떤 가치를 품고 있으니 어떻게 가야 한다는 방향성이 흐려졌다. 저 멀리 가야 할 곳이 없어지자 그저 여기에서 더 많은 향락을 얻는 일만이 중요해졌다.

프랑스 지성계에 헤겔 철학을 전파해 큰 영향을 미친 알렉상드르 코제브(Alexandre Kojeve)는 역사의 발전이 끝나면서 사람들이 속물화되었다고 진단했다. 미국과 소련이 이념대립을 했지만 실상

역사를 만들어가는 투쟁은 종결됐고, 남은 건 그저 각자의 자유 속에서 물질에 취하는 속물의 삶이라고 코제브는 일찍이 예측했다. 코제브의 예측은 그리 틀리지 않았다. 진정성 있게 살려는 의지는 어느새 촌스럽게 느껴진다. 우리는 허영에 취한 속물들이 되었다.

속물화는 동물화마저 유발하고 있다. 일본의 철학자 아즈마 히로키(東浩紀)는 인간이 동물처럼 되고 있다고 『동물화하는 포스트모던』에서 주장했다. 여태껏 인간은 타인의 욕망에 반응했고, 시대와 역사에 자기 삶을 조응해서는 인생의 의미를 찾았다. 그런데 현대엔 세상이 어떻게 돌아가는지 아랑곳하지 않은 채 몇 가지 욕구를 채우는 것만으로 만족하는 인간들이 대거 등장했다. 이러한 흐름을 아즈마 히로키는 동물화라고 표현했다. 가치나 의미를 궁리하면서 인생을 진지하게 생각하면 질리는 사람이 되어버린다. 인생에서 중요한 게 있다면 기름지게 먹으면서 자신이 즐기는 취미를 계속하며 쾌락을 얻는 것뿐이다. 오타쿠(おたく)가 21세기의 인간형처럼 되어간다. '덕질'은 인생의 무의미를 달래주는 몸부림이자 자신의 삶에서 유일하게 의미 있는 행동이다.

현대인은 자기의 섬에 갇혀서는 쾌락이란 물고기를 얼마나 잡는지만 진지하게 따진다. 자기만의 작은 섬에서 물고기를 잡고 조개를 줍고 해먹에서 낮잠을 자면 한동안 좋지만, 시간이 지날수록 무의미의 외로움이 생겨난다. 뭔가 잘못 사는 것만 같은 느낌이 해일처럼 몰려온다.

현대인이 겪고 있는 정신의 공허를 신흥종교가 공략한다. 종교

단체는 기존의 공동체가 붕괴되어 외로이 뿔뿔이 흩어진 사람들을 끈끈하게 엮어준다. 무의미의 외로움에 무기력해진 사람들에게 나름의 진리를 제공한다. 진리와 연결되어 있다는 믿음 속에서 자기들만의 의미가 만들어진다. 재주술화가 일어나는 것이다. 과거 종교단체들이 벌이던 얼토당토아니한 일들이 현대에서도 으스스하게 계속 벌어진다. 확실한 것이 없어 방황하는 현대인들에게 종교는 진리를 주겠다고 선전하고, 과거처럼 현대인은 여러 주술을 통해 고독과 불안을 달랜다.

중력이 사라진 시대

현대인의 방황은 정신이 깨어난 원시인이 느꼈던 외로움과 비슷하다. 해가 뜨면 그늘이 생기듯, 인간의 정신이 있으면 의미를 향한 외로움이 생길 수밖에 없다.

인간은 진화하는 와중에 정신이 깨어났고, 의미를 향한 고독도 깨어났다. 자신이 존재한다는 사실을 바라보는 정신이 과거의 원시인에게서 생겨났고, 지혜로운 조상들은 정신을 통해 왜 살아야 하는지 자문했다. 수많은 동물 가운데 인간만이 고독 속에서 삶의 의미를 물었고, 삶의 고독과 불안을 달래줄 답이 필요했다.

종교는 그에 대한 답이었다. 인간이 있는 모든 곳에서 종교가 만들어져 퍼져나갔다. 미국의 인류학자 파스칼 보이어(Pascal Boyer)는 인간의 인지능력 때문에 종교개념이 생겨났다면서 보이지 않는

초월의 존재를 인간이 어떻게 상상했고 왜 믿게 되었는지 『종교, 설명하기』에서 자세하게 조망했다

무의미의 고독을 극복하고자 그동안 인류는 종교를 발전시켜왔다. 종교는 인생이 왜 고통스러운지, 고통에서 벗어나려면 어떻게 해야 하는지 알려주었다. 삶에 들이닥친 시련도 과거의 업보라거나 신이 주는 시험이라거나 조상님의 노여움 탓이라고 믿으며 나름의 대책을 강구할 수 있었다. 해탈이든 천국이든 조상신을 섬기는 일이든 인생을 통해 달성해야 할 목적이 있었다. 인생은 목적을 이루기 위한 시간이었고, 사람들은 목적을 이루고자 고된 삶을 감내했다.

이처럼 종교엔 유익함이 있고, 모든 문명은 종교를 주춧돌 삼아 성립했다. 과거 인류문명은 죄다 종교사회였다. 종교가 없는 문명을 찾을 수가 없다. 종교는 삶의 의미를 부여하는 동시에 인간을 하나로 묶어주면서 대규모 집단을 이루기 위한 기반이었다. 캐나다의 종교학자 아라 노렌자얀(Ara Norenzayan)은 『거대한 신, 우리는 무엇을 믿는가』에서 종교가 어떻게 문명의 구심점이 되었는지 이야기한다.

여전히 종교가 사회공동체를 유지하는 데 기여하고 있지만, 과거처럼 사회의 반석이 되어주지는 못하는 실정이다. 옛날 사람들이 전승된 신화를 글자 그대로 믿었다면 어느 정도 계몽된 현대인은 종교를 철석같이 믿지 않는다. 현대의 상식과 동떨어진 교리를 곧이곧대로 믿고 남들에게 전하려는 순간 정상적인 사회생활을 할 수 없다. 현대인은 종교를 적당히 믿는다. 종교의 열기를 통해 삶의 추

위를 견뎌내고자 믿음을 가질 뿐이다.

현대인은 전승되어오는 종교를 뼛속까지 믿지 않지만, 그렇다고 종교로부터 홀가분하게 자유로워지지도 않았다. 현대는 화려한 외관과 달리 속사정은 불모의 황무지와 비슷하다. 미신과 광신의 파고를 넘어서 도달한 21세기에 허무와 무의미가 들끓는다. 다양한 경험을 시도하며 색다른 쾌락을 추구해도 부질없고 덧없다. 뭔가 중요한 게 상실된 세상이다.

현대사회는 왜 올바르게 살아야 하는지 근본이유를 설명하지 못한다. 그저 그러면 안 된다고, 나쁜 짓하면 감옥에 갇힌다고 위협할 뿐이다. 마음이 맥없이 흔들릴 때 잡아주는 중력이 사라졌다. 무엇에도 얽매이지 않고 내키는 대로 살 수 있는 시대가 도래한 것 같지만, 정작 자유롭게 살아가는 사람은 드물다. 중력이 없는 삶이란 막막한 우주 속을 부유하는 꼴일 뿐이다. 정신을 붙잡아주는 가치체계가 없으면 모든 게 흔들리고 무의미해진다.

현대인의 방황은 자기 삶에서 무엇이 잘못됐는지 알 수조차 없다는 사실에서 발생한다. 이유를 알 수 있는 고통은 우리를 미치게 하지 못한다. 어디로 가야 할지 알면 인간은 고비를 넘고 가시밭길을 헤치며 목적지로 향한다. 그런데 인간이 기대고 의지해온 가치체계가 근대화가 일으킨 자유의 폭풍 속에서 상실됐다. 어떻게 살아야 하고 어디로 가야 옳은지 알 수가 없어 답답하고 막막한 실정이다. 고독의 회오리 속에서 우리의 영혼은 정처 없이 나부낀다.

방황을 끝내려면 중력이 있어야 한다. 중력이란 자신이 지켜야 할 가치이다. 중력 때문에 날아다닐 순 없지만 바로 중력 덕분에 지상에 발을 딛고 사람답게 살 수 있다. 나를 붙잡아주는 힘이 있으면 고독의 폭풍 속에서도 버틸 수 있다. 중력 덕분에 힘들더라도 발을 내딛으면서 앞으로 나아갈 수 있다.

자기 자신을 사랑하는 일

타인부재의 외로움은 타인이 없을 때 발생한다. 거리감의 외로움은 사람들 사이의 거리감 때문에 생겨난다. 사랑하는 사람이 있고 쾌적하게 지내더라도 인간이라면 맞닥뜨리게 되는 세 번째 외로움은 의미를 향한 외로움이다. 진리를 향한 외로움이라고 부를 수도 있다.

설명하고자 임의로 나눴을 뿐 세 종류의 외로움은 섞여 있다. 아무도 곁에 없어서 외로울 때 문득 삶이 왜 이 모양이냐면서 인생을 탐구하는 외로움이 생겨날 수 있고, 거리감의 외로움에 시달리다가 인간이란 왜 이러한지 사색하면서 삶의 의미를 궁리하기도 한다.

결국 우리는 세 번째 외로움으로 향한다. 의미를 향한 외로움은 인간의 숙명이다. 철두철미한 유물론자도 의미를 향한 외로움을 앓는다. 자신의 의미를 찾지 못한 인간은 제아무리 잘났어도 외롭고 외롭다. 세계가 본래 무의미하다고 생각하더라도 인생의 무의미를 묵묵히 받아들이는 일은 힘겹다. 왜 살아야 하는지 모른 채 외로움에 시달리면서 살아가는 건 형벌이나 다름없다.

세속화된 현대사회는 아무 이유 없이 우리가 태어났다가 죽는다고 은연중에 주입한다. 그저 경쟁에서 이겨 생존에 성공한 뒤 짝짓기를 통해 번식하고 세상의 여러 향락을 뒤쫓다가 죽는 것이 최선의 삶이라고 암시한다. 하지만 이러한 생각은 세상의 일면을 알려주지만, 우리의 목마름을 씻겨주지는 못한다.

저 광활한 우주가 아무런 의미가 없다고 생각하면 허무와 우울에 휘감길 뿐이다. 자기 삶에 아무런 의미가 없고, 그냥 아무 이유 없이 태어났다가 홀로 죽으리라는 예감은 혹독한 고독을 빚어낸다. 담담히 받아들이기 어렵다. 신이 없다면 신을 만들어내고 싶어진다.

신의 몰락이 인간에게 자유와 해방이라기보다는 환멸과 실망을 불러일으켰다고 프랑스의 사상가 르네 지라르(Rene Girard)는 지적한다. 신이 죽었고 그 자리에 인간이 올라섰다는 현대의 복음이 퍼졌는데, 복음이 약속한 바와 동떨어진 현실에 참담한 실망을 맛보게 된다는 것이다. 인간은 절대자를 포기할 수 없어서 신의 대체물을 찾으려 든다고 르네 지라르는 역설했다.

신이 죽었다면 대체자라도 만들어서 믿으려 하는 게 인간이다. 영국의 과학저술가 니콜라스 웨이드(Nicholas Wade)는 『종교 유전자』에서 신앙이 인간의 본능이라는 증거를 치밀하게 제시했다. 실제로 이 책의 원제는 '신앙본능(Faith Instinct)'이다. 과거 원시인들뿐만 아니라 현대인도 각자 믿고 싶은 신을 만들어낸 뒤 열렬하게 사랑하면서 고독한 생을 견딘다. 믿을 만한 신이 없다면 '유느님'이라도 믿고 싶은 것이다.

인간은 신을 상상하고 믿으려는 본능이 있다. 그래서 신을 사랑하는 건 사실 쉬운 일이다. 인류사 내내 사람들은 신을 사랑했다. 물론 각자 자신의 신을 너무나 사랑하고 타인의 신을 증오해서 싸움이 계속 일어났다.

신을 사랑하는 일보다 훨씬 어려운 일이 있다. 외로움에 떨고 있는 자기 자신을 스스로 사랑하고, 인생의 의미를 지혜로 밝히는 일이다. 의미를 향한 외로움 속에서 자기 자신을 끌어안고 타인을 사랑하며 인생을 탐구할 때, 인간은 자신의 실상과 맞닥뜨린다.

인간은 울면서 태어나 죽을 때 홀로 죽는다. 그 과정에서 무엇을 할지는 각자의 자유이다. 자신의 자유를 통해 삶의 의미를 구할 때 인생의 비밀이 풀리고 진정으로 자유로워진다. 인생의 비밀은 풀기 어렵지만 영영 풀지 못할 수수께끼는 아니다. 그렇다면 존재의 신성을 찾는 것이 현대의 종교가 되어야 하지 않을까?

그리스의 신들을 이제는 아무도 믿지 않듯 우리에게 전해지는 신들도 예전처럼 믿기는 어려워진 현대이다. 그럼에도 우리의 이기심을 누그러뜨리면서 지구의 안녕과 평화에 이바지하는 종교(宗教)는 필요하다. 종교란 근본(宗)의 가르침(敎)이다. 귀한 가르침을 배우고 소중히 지켜나가는 신앙은 인간의 자연스러운 본성이고, 인간은 종교를 통해 더 넓고 큰 존재가 된다. 미국의 인지과학자 데이비드 윌슨(David Wilson)은 종교가 인간의 이기심을 극복하고 이타심을 함양시키면서 공동체의 복지를 추구하도록 이끌기 때문에 인류 문명에서 매우 중요했다고 설명한다.

종교신앙이 수천 세대의 유전적 진화를 거쳐 뇌신경에 통합된 정신과정이라는 인식을 바탕으로 에드워드 윌슨은 과학적 휴머니즘이란 종교를 주창했다. 종교본능이 뿌리 뽑을 수 없는 인간의 핵심으로서 과거엔 생각하지 못하는 수준으로 우리 안에 구조화되어 있으니 그러한 종교성을 과학적 휴머니즘으로 활용하자는 제안이 『인간 본성에 대하여』에 담겨 있다.

인간은 어떠한 믿음이든 없으면 곤란해 하며, 뭔가를 믿으려 한다. 신이란 존재하지 않으며 인생이란 본래 무의미하다는 것도 하나의 신앙일 뿐이다. 그렇다면 중요한 건 종교가 있느냐 없느냐 신을 믿느냐 아니냐가 아니라 어떤 믿음을 갖고 있고, 얼마나 믿음이 진실하며, 타인과 세상에 어떤 여파를 끼치느냐이다.

기성종교가 어느 정도 사회 유지를 뒷받침해주겠지만, 정신의 갈등을 깔끔하게 해소시켜주지 못한다. 그렇다면 기성종교를 존중하면서도 기성종교를 형성시킨 처음의 깨달음을 다시 음미할 필요가 있다.

깨달음을 얻은 사람들은 문화와 종교가 달라도, 의미의 외로움을 앓으면서도 맹목의 신앙과 암담한 환멸을 넘어 사랑과 지혜의 세계로 나아갔다는 공통점이 있다. 예컨대, 미국의 유전학자 프랜시스 콜린스(Francis Collins)는 인류 최초로 31억 개의 총 염기서열을 해독해서 신체지도를 밝히는 인간게놈 프로젝트의 책임자였다. 프랜시스 콜린스는 과학과 종교의 세계관을 아우르면서 삶에 대한 따뜻한 통찰을 『신의 언어』에서 건넨다.

세상의 신비에 놀라워하며 탐구하는 현자들을 참고하면 삶의 방향을 어느 정도 잡을 수 있다. 인생의 의미를 밝히는 길을 외로움과 함께 천천히 걸어가고 있다. 그대도 동행하면 좋겠다.

나가는글

외로움의 숲에서

외로움의 숲에 언제 들어왔는지 정확한 날짜가 기억나지 않았다. 오래전 같았다. 아니, 어쩌면 외로움의 숲에서 태어난 것 같기도 했다. 분명한 건 오랫동안 방황했다는 사실이었다. 열심히 걸어왔는데, 어디로 가고 있는지 알 수 없다는 당혹감이 들었다. 주위는 어둑어둑했고, 밤하늘엔 별빛 한 점 없었다. 시도 때도 없이 바람이 몰아쳤고, 코끝이 매울 정도로 공기가 시렸다. 주위를 돌아봤다. 높다란 나무들이 빼곡했다. 외로움의 숲은 넓고 넓었다.

외로움에서 탈출하는 길을 찾고 싶었다. 신발끈을 단단히 동여맸다. 바삐 달음박질쳤다. 마치 고독의 그림자를 떼어놓고 행복의 나라로 홀연히 갈 수 있는 것처럼.

오랫동안 내달렸다. 숨이 턱까지 차올랐다. 다리가 후들거렸다. 서서히 발걸음이 느려졌고, 터벅터벅 걷다가 멈춰 섰다. 가쁘게 숨을 몰아쉬며 고개를 떨구었더니, 고독의 그림자가 발아래 웅크리고 있었다. 주위를 둘러보니, 외로움의 나무들이 각자 자기 그늘을 견디고 있있다. 침묵은 사무치게 많은 걸 담고 있었다.

그동안 어떻게든 입을 틀어막으면서 외로움의 한숨조차 새어나가는 걸 허락하지 않았다. 외롭지 않은 척했고, 외로움이 두렵지 않은 척했으며, 사는 게 대수롭지 않은 것처럼 연기해왔다. 그러나 남들을 어찌어찌해서 속일 순 있었어도 나를 속일 순 없었다.

나의 인생은 외로움이라는 도화지에 그린 그림이었다. 여러 일화들로 채색했어도 모두 외로움의 풍경이었다. 외로움을 그리는 줄도 모른 채 외로움을 그린 가여운 화가였다.

외로움을 정복하기는커녕 외로움에 정복되었다는 것이 감출 수 없는 진실이었다. 외로움에 포위된 주제에 외로움을 초월하려 했다. 한심했다.

외롭다는 진실을 받아들였다. 외로운 줄 모르는 바보가 되기보다는 외로움을 앓는 환자라는 사실을 인정하자, 그동안 참아왔던 눈물이 터져 나왔다. 눈물과 함께 글이 흘러나왔다. 외로운 낮이면 햇볕을 쬐면서 넋두리를 옮겨 적었고, 외로운 밤이면 어둠을 응시하면서 기록을 이어갔다. 글을 쓴다고 외로움에 익숙해지지는 않았지만 외로움에 휩쓸려 삶이 고꾸라지는 일이 차차 줄어들었다.

농익은 외로움을 삼키고 삭혀 빚어진 글을 종이에 꾹꾹 눌러 담아낸 뒤 비행기로 접어 그대에게 날린다. 모든 편지가 수신자에게 전달되는 것은 아니듯, 이 종이비행기가 그대의 가슴 속에 도달하지 않을 수도 있다. 하지만 할 수 있는 건 글을 쓴 뒤 그대에게 보내는 일 말고는 없다. 할 수 있는 일은 이것뿐이다. 그대를 그리워하면서 글을 쓰고 종이비행기를 힘껏 던지는 일만이 외로움을 버티는 유일한 방법이다.

조심스레 외로움의 흔적을 더듬는다. 그리고 더듬거리면서까지 솔직하게 말한 외로움을 편지에 담아 그대에게 보낸다.

∞

코로나19는 고독의 창궐을 알리는 긴급사태이다. 우리는 바이러스뿐 아니라 외로움과 싸우느라 지쳐있고, 마음의 허기에 시달리고 있다.

고독의 춘궁(春窮)이다. 옛날 사람들은 먹을 게 부족해 보릿고개의 고통을 겪었다면, 요즘 사람들은 인간관계가 빈궁해 고독고개를 넘기 버거워 고통스러워한다. 사람이 그리운 시대다.

사람냄새를 그리워하면서 사방으로 쿵쿵거리자 외로움이라는 스승이 다가왔다. 삶의 반전은 그렇게 시작됐다. 외로움을 극복할 수 있다는 만용이 아니라 외로움 앞의 약자라는 사실을 받아들이면서 인생이 달라졌다.

고독에는 외부가 없다. 바로 그렇기 때문에 고독의 바깥으로 탈출하려는 시도는 허망하게 끝이 날 수밖에 없다. 그리하여 나는 고독 외부로 탈출하려 하는 대신 고독과 어울려 사는 법을 배우기 시작했다. 고독은 너무나 무겁고 무서웠는데, 다시 생각하면 한없이 가볍고 자연스러운 것이었다. 찾아보면 고독을 달래주면서 기쁨을 주는 일이 많다. 따뜻한 불 위에서 요리할 때, 맛집에서 산해진미를 즐길 때, 술 한잔을 하며 속마음을 나눌 때, 멋진 카페에서 여유로이 커피의 풍미를 즐길 때, 고독은 저 멀리 소풍을 간다.

새로이 누군가를 알 기회는 무궁무진하며, 마음만 먹으면 지인에게 연락해서 약속을 잡을 수 있다. 날마다 좋은 책이 쏟아져 나오고, 수많은 가수들이 진심을 다해 노래하면서 위로와 용기를 건넨다. 무엇보다도 소소하지만 확실하게 위로해주는 화장실이 언제든 들어오라고 다정히 기다리고 있다.

이러한 소소하지만 소중한 방법들을 통해 고독한 하루하루를 즐겁게 건너기 시작했다. 한없이 무거운 고독이었지만 한없이 가볍게 넘길 수 있었다. 소소한 방법들 덕분에 참된 만남을 기다릴 수 있었다.

고독은 만남과 연결되어 있다. 고독은 만남을 향해 우리를 끌고 가는 연료이다. 고독 속에서 참된 만남을 할 시간이 열린다. 외로움은 인간이 혼자서 살 수 없다는 사실을, 누군가와 함께 해야 한다는 진실을 가르쳐준다. 이와 동시에 진심을 나누지 않으면 그 누구를 만나더라도 쓸쓸할 수밖에 없는 현실을 일깨워준다. 외로움을 마음 한편에 품으면서도 인간관계를 진실하게 맺어야 제대로 된 인생이라고 믿는다.

외로움 너머 그대가 살아 숨 쉬는 걸 알고, 외로움을 넘어 그대에게 다가가고자 글을 쓴다. 그대와 내가 각각 외로움의 숲을 떠돌다 영영 얼굴 맞대지는 못할지라도 이 편지는 어떤 형태로든 전해지리라고 낙관한다. 증발되어 하늘로 올라간 눈물은 소나기가 되어 그대의 눈썹 위로 떨어질 것이고, 눈물을 간직한 나무들이 그대에게 사랑을 속삭여줄 것이기 때문이다. 또한 이 편지는 그대의 눈물을 머금고 자란 나무로 만들어졌다. 우리는 언제나 이미 연결되어 있다.

끝은 언제나 끝이 아니다. 새로운 시작이다. 『고독을 건너는 방법』은 끝났지만 그대의 얘기는 이제 시작이다. 그대의 얘기가 듣고 싶다. 그대의 외로움을 귀 기울여 들을 날을 기대하며 기다린다.

참고한 자료들

01 나 혼자 먹고 사랑하고 이야기하고 … 울고

김훈, 『라면을 끓이며』, 문학동네, 2015

테오도르 아도르노, 『미니마 모랄리아』, 김유동 옮김, 길, 2005

황지우, 『어느 날 나는 흐린 酒店에 앉아 있을 거다』, 문학과지성사, 1998

에드워드 윌슨, 『지구의 정복자』, 이한음 옮김, 사이언스북스, 2013

리처드 랭엄, 『요리 본능』, 조현욱 옮김, 사이언스북스, 2011

미셸 푸코, 『주체의 해석학』, 심세광 옮김, 동문선, 2007

슬라보예 지젝, 『이데올로기의 숭고한 대상』, 이수련 옮김, 새물결, 2013

유발 하라리, 『21세기를 위한 21가지 제언』, 전병근 옮김, 김영사, 2018

앤서니 기든스, 『현대 사회의 성·사랑·에로티시즘』, 배은경·황정미 옮김, 새물결, 2001

울리히 벡·엘리자베트 벡-게른스하임, 『사랑은 지독한 그러나 너무나 정상적인 혼란』, 강수영 외 옮김, 새물결, 1999

리처드 도킨스, 『이기적 유전자』, 홍영남·이상임 옮김, 을유문화사, 2018

제프리 밀러, 『연애』, 김명주 옮김, 동녘사이언스, 2009

엘리자베트 바댕테르, 『잘못된 길』, 조성애·나애리 옮김, 중심, 2005

알랭 바디우, 『사랑예찬』, 조재룡 옮김, 길, 2010

지그문트 바우만, 『액체근대』, 이일수 옮김, 강, 2009

슬라보예 지젝, 『잃어버린 대의를 옹호하며』, 박정수 옮김, 그린비, 2009

니콜라스 카, 『생각하지 않는 사람들』, 최지향 옮김, 청림출판, 2011

만프레드 슈피처, 『디지털 치매』, 김세나 옮김, 북로드, 2013

셰리 터클, 『외로워지는 사람들』, 이은주 옮김, 청림출판, 2012

이반 일리치, 『학교 없는 사회』, 박홍규 옮김, 생각의나무, 2009

한병철, 『투명사회』, 김태환 옮김, 문학과지성사, 2014

로빈 던바, 『던바의 수』, 김정희 옮김, 아르테, 2018

어빙 고프만, 『자아 연출의 사회학』, 진수미 옮김, 현암사, 2016

게오르크 지멜, 『짐멜의 모더니티 읽기』, 김덕영·윤미애 옮김, 새물결, 2005.

앨리 러셀 혹실드, 『감정노동』, 이가람 옮김, 이매진, 2009

장 보드리야르, 『아메리카』, 주은우 옮김, 산책자, 2009

02 거기, 고독한 당신

고정희, 『모든 사라지는 것들은 뒤에 여백을 남긴다』, 창비, 1992

박정대, 『사랑과 열병의 화학적 근원』, 뿔, 2007

에리히 프롬, 『정신분석과 듣기예술』, 호연심리센터 엮음, 범우사, 2000

로버트 퍼트넘, 『나 홀로 볼링』, 정승현 옮김, 페이퍼로드, 2016

애덤 스미스, 『도덕감정론』, 박세일 옮김, 비봉출판사, 2009

은희경, 『타인에게 말걸기』, 문학동네, 1996

천명관, 『고령화가족』, 문학동네, 2010

로버트 트리버스, 『우리는 왜 자신을 속이도록 진화했을까?』, 이한음 옮김, 살림,
    2013

김언수, 『설계자들』, 문학동네, 2019

김언수 외, 『30 thirty, 작가정신, 2011

김언수, 『뜨거운 피』, 문학동네, 2016

박범신, 『은교』, 문학동네, 2010

일레인 스캐리, 『고통받는 몸』, 메이 옮김, 오월의 봄, 2018

에마뉘엘 레비나스, 『존재에서 존재자로』, 서동욱 옮김, 민음사, 2003

에마뉘엘 레비나스, 『시간과 타자』, 강영안 옮김, 문예출판사, 1996

데스먼드 모리스, 『인간의 친밀 행동』, 박성규 옮김, 지성사, 2003

데스먼드 모리스, 『털 없는 원숭이』, 김석희 옮김, 문예춘추사, 2006

조너선 하이트, 『바른 마음』, 왕수민 옮김, 웅진지식하우스, 2014

노르베르트 엘리아스, 『문명화과정』, 박미애 옮김, 한길사, 1996

재레드 다이아몬드, 『총, 균, 쇠』, 김진준 옮김, 문학사상사, 2005

재러드 다이아몬드, 『어제까지의 세계』, 강주헌 옮김, 김영사, 2013

블레즈 파스칼, 『팡세』, 이환 옮김, 민음사, 2003

황동규, 『우연에 기댈 때도 있었다』, 문학과지성사, 2003

프리드리히 니체, 『차라투스트라는 이렇게 말했다』, 정동호 옮김, 책세상, 2000

알베르트 아인슈타인, 『아인슈타인이 말합니다』, 김명남 옮김, 에이도스, 2015

토머스 루이스 외, 『사랑을 위한 과학』, 김한영 옮김, 사이언스북스, 2001

김상봉, 『나르시스의 꿈』, 한길사, 2002

마르틴 하이데거, 『존재와 시간』, 이기상 옮김, 까치, 1998

가이 윈치, 『아프지 않다는 거짓말』, 임지원 옮김, 문학동네, 2015

엘리아스 카네티, 『군중과 권력』, 강두식·박병덕 옮김, 바다출판사, 2010

표도르 도스토예프스키, 『지하로부터의 수기』, 계동준 옮김, 열린책들, 2010

주디스 리치 해리스, 『개성의 탄생』, 곽미경 옮김, 동녘사이언스, 2007

벨 훅스, 『남자다움이 만드는 이상한 거리감』, 이순영 옮김, 책담, 2017

진중권, 『네 무덤에 침을 뱉으마』, 개마고원, 2013

김상봉, 『도덕교육의 파시즘』, 길, 2005

조지 허버트 미드, 『정신 자아 사회』, 나은영 옮김, 한길사, 2010

알베르 카뮈, 『시지프 신화』, 김화영 옮김, 민음사, 2016

루트비히 비트겐슈타인, 『논리철학논고』, 이영철 옮김, 책세상, 2020

레이 몽크, 『비트겐슈타인 평전』, 남기창 옮김, 필로소픽, 2019

에리히 프롬, 『자유로부터의 도피』, 김석희 옮김, 휴머니스트, 2020

장 폴 사르트르, 『존재와 무』, 정소성 옮김, 동서문화사, 2009

아르투르 쇼펜하우어, 『의지와 표상으로서의 세계』, 홍성광 옮김, 을유문화사, 2019

함석헌, 『뜻으로 본 한국역사』, 한길사, 2003

랄프 왈도 에머슨, 『자연』, 서동석 옮김, 은행나무, 2014

버트런드 러셀, 『인생은 뜨겁게』, 송은경 옮김, 사회평론, 2014

스티븐 미슨, 『마음의 역사』, 윤소영 옮김, 영림카디널, 2001

라이너 마리아 릴케, 『젊은 시인에게 보내는 편지』, 김재혁 옮김, 고려대학교출판
　부, 2006

04 세 개의 고독

플라톤, 『플라톤의 국가 정체』, 박종현 옮김, 서광사, 2005

칼 구스타프 융, 『카를 융, 기억 꿈 사상』, 조성기 옮김, 김영사, 2007

헨리 데이비드 소로, 『월든』, 김석희 옮김, 열림원, 2017

발터 베냐민, 『모스크바 일기』, 김남시 옮김, 길, 2015

막스 베버, 『프로테스탄티즘의 윤리와 자본주의 정신』, 김덕영 옮김, 길, 2010

아즈마 히로키, 『동물화하는 포스트모던』, 이은미 옮김, 문학동네, 2007

파스칼 보이어, 『종교, 설명하기』, 이창익 옮김, 동녘사이언스, 2015

아라 노렌자얀, 『거대한 신, 우리는 무엇을 믿는가』, 홍지수 옮김, 김영사, 2016

르네 지라르, 『낭만적 거짓과 소설적 진실』, 김치수, 송의경 옮김, 한길사, 2001

니콜라스 웨이드, 『종교 유전자』, 이용주 옮김, 아카넷, 2015

데이비드 슬론 윌슨, 『종교는 진화한다』, 이철우 옮김, 아카넷, 2004

에드워드 윌슨, 『인간 본성에 대하여』, 이한음 옮김, 사이언스북스, 2011

프랜시스 콜린스, 『신의 언어』, 이창신 옮김, 김영사, 2009